国家社会科学基金项目（17CGL017）阶段性研究成果
本书受广西（东盟）财经研究中心开放性课题（2018DMCJYB09）、
广西财经学院会计类学科建设研究开放性课题资助

外部监督、内部治理与企业环保投资

杨 柳 著

中国财经出版传媒集团
中国财政经济出版社

图书在版编目（CIP）数据

外部监督、内部治理与企业环保投资／杨柳著．—北京：中国财政经济出版社，2019.3

ISBN 978－7－5095－8848－2

Ⅰ.①外…　Ⅱ.①杨…　Ⅲ.①企业环境管理－环保投资－研究　Ⅳ.①X196

中国版本图书馆 CIP 数据核字（2019）第 039517 号

责任编辑：彭　波　　　　责任印制：刘春年
封面设计：卜建辰　　　　责任校对：徐艳丽

中国财政经济出版社 出版

URL：http：//www.cfeph.cn

E－mail：cfeph@cfeph.cn

社址：北京市海淀区阜成路甲 28 号　邮政编码：100142

营销中心电话：010－88191537

北京财经印刷厂印装　各地新华书店经销

710×1000 毫米　16 开　14.5 印张　220 000 字

2019 年 3 月第 1 版　2019 年 3 月北京第 1 次印刷

定价：58.00 元

ISBN 978－7－5095－8848－2

（图书出现印装问题，本社负责调换）

本社质量投诉电话：010－88190744

打击盗版举报热线：010－88191661　QQ：2242791300

前　　言

在世界范围内，自然资源正以惊人的速度骤减。人类社会在享受科技文明的同时，也在承受着生态系统被破坏所带来的后果。洪水、旱灾、空气污染、气候变暖……来自大自然的危机，正潜伏在我们身边，向我们频频发出警告。

中国几千年的发展史上，我们的先人们早就有环境保护的思想，提倡将自然、万物和人联系起来。并通过实践证明顺应自然规律才是人与自然和谐相处的唯一途径。在今天，保护环境的呼声越来越急迫，但我们需要的不仅是口号，更是行动！

党的十八大以来，中国政府把生态文明建设作为统筹推进“五位一体”总体布局和协调推进“四个全面”战略布局的重要内容，开展一系列根本性、开创性、长远性工作，提出一系列新理念、新思想、新战略，生态文明理念日益深入人心，污染治理力度之大、制度出台频度之密、监管执法尺度之严，推动着生态环境质量持续改善。但是，我国生态文明建设挑战重重，压力巨大，矛盾突出，形式依然严峻。

由于环境污染防治不是一个单纯的专业问题，而是一个传统经济增长模式及因此形成的利益格局进行调整的问题，因此需要利益相关者对环境问题的广泛参与。利益相关者理论认为企业是利益相关方相互关系的联接，任何一个企业的发展离不开各种利益相关者的参与和投入，企业追求的是利益相关者的整体利益，而不是某一利益相关者的利益。在环境问题上，公众参与和公众关注将对企业环保投资行为产生重要影响。同时，唯物辩证法认为矛盾是事物发展的动力和源泉，内因是事物发展的根本原因，外因是事物发展的必要条件，外因通过内因而起作用。因此，企业要独立自主、自力更生、发挥或开发企业自身优势，主动出击获取绿色竞争力，在企业环保投资与经营目标矛盾中寻求实现企业双赢的路径。

本书共分为七章，在探究中国企业环保投资概念、特点和问题的基础上，从新兴的外部力量和组织内部因素出发挖掘影响企业环保投资的关键因素，识别了影响企业环保投资的五大重要因素，其中三个重要因素与“人”有关，另外两个重要因素与“物”有关。并从资源获取能力视角、资源获取意图视角、企业治理能力视角进行调节效应研究，加强了组织内外部因素对企业环保投资影响的相互关联性研究，为中国实现绿色发展目标提供理论和现实依据。

本书的主要内容：

第一章为理论基础与文献综述。本章围绕影响企业环保投资行为的内外部因素，阐述相关理论和国内外文献。第一，分析了影响企业环保投资行为的基础理论——制度理论、资源基础观、利益相关者和高阶理论的内涵和基本形式，为本书研究奠定理论基础。第二，在文献综述方面，分别从合法性视角、利益相关者视角、组织内部特征视角对有关企业环保投资影响因素的文献进行梳理，并从研究领域、研究重点、研究方法三个方面对国内外研究文献进行评述。

第二章为制度背景。由于企业环保投资决策在很大程度上受到国家环保战略、政策、法律法规的影响。因此，本书有必要对中国的环境保护战略、政策与法律法规的发展历程进行概述。一方面，将中国的环境保护制度历程划分为五个阶段，以此来分析中国环境保护发展问题的历史沿革。另一方面，从环境保护财税制度、环境信息披露制度和其他相关制度三个方面分析影响企业环保投资行为的具体制度。

第三章为企业环保投资的界定与发展现状研究。第一，明确企业环保投资的定义。第二，明确企业环保投资统计原则。第三，明确企业环保投资的分类。第四，明确企业环保投资的发展现状，使用参数检验和非参数检验方法，从行业、省际、企业特性的不同角度分析了我国上市企业环保投资的分类特征和分布特征。

第四章、第五章和第六章实证研究了组织内外部因素对企业环保投资行为的影响及实现路径。第四章运用固定效应模型和调节效应模型实证研究了公众参与度对企业环保投资的影响，并明确了产权性质对公众参与度和企业环保投资关系的调节作用。第五章运用 Logit 模型、调节效应模型实证研究了绿色形象对企业环保投资的影响，并明确了公众关注度对绿色形象与企业环保投资关系的调节作用。第六章运用调节效应模型实证研究了管理层代理成本对企业环保投资的影响，并明确了环保管理部门专门化以及产权性质对管理层代理成本与企业环保投资关系的调节作用。

第七章为研究总结与政策建议。本章在上述章节的理论分析和实证分析的基础上，得出研究结论。并结合国家战略方针和政策，分别从政策制定者、公众、企业的层面对协调组织内外部因素与企业环保投资行为关系的政策进行研究。

本书的学术创新：

首先，拓展了企业环保投资的基础理论研究。本书在界定企业环保投资的概念的基础上，根据制度战略观和内容特征对企业环保投资进行分类，将企业环保投资进一步细分为企业前瞻性环保投资和企业治理性环保投资两类。从道德、经济和制度三个层面出发，结合利益相关者理论、制度理论、代理理论和资源基础观等基础理论，将组织内部因素和外部因素结合、软约束和硬约束相结合、人和物相结合分析各要素对企业环保投资的影响及实现路径。

其次，深化了企业环保投资影响因素研究。本书识别了影响企业环保投资的五大重要因素，其中三个重要因素跟"人"有关，即公众和企业管理者，公众具体体现在公众参与度和公众关注度。另外两个重要因素跟"物"有关，即绿色形象、环保部门设置。限定其他条件下，对不同因素与企业不同类型环保投资行为之间的关系进行研究，丰富和深化了企业环保投资影响研究。

再其次，推进了内外部因素与企业环保投资的调节效应研究。本书结合中国特殊政治经济背景，第四章将企业产权性质作为调节变量和第五章将公众关注度作为调节变量，从资源获取视角出发，揭示资源获取能力和资源获取意图对公众参与度和绿色形象与企业不同类型环保投资行为关系的调节作用。第六章将环保部门设置作为调节变量，从企业治理能力视角出发，揭示企业治理能力对管理层代理成本与企业不同类型环保投资行为关系的调节作用。通过调节效应研究，加强了组织内外部因素对企业环保投资影响的相互关联性。

最后，有助于环境保护制度建设和创新。本书以利益相关者理论为基础，研究外部监督和内部治理与企业环保投资的关系，强调公众与企业在环境保护中所承担的角色，打破了以往环境保护以政府为主的观念，有助于促进环境保护制度创新，“由自上而下到自下而上”“由强制性向诱致性”的转变。促进环境保护制度建设，形成“初级行动团体”，为我国生态文明社会建设提供制度保障。

作者

2019年1月

目　　录

导 论

一、研究背景

我国自1973年召开第一次全国环境保护会议以来，环境攻坚工作从最初的理念到战略转变已经经历了40多年。2005年以前，我国一直采取的是“环境保护与经济和社会发展相协调”，以“经济优先”为主的指导思想。直到2005年国务院发布《关于落实科学发展观加强环境保护的决定》，将“经济优先”转变为“环境优先”的战略。2013年党的十八大报告提出“坚持节约优先、保护优先、自然恢复为主”的方针，将环境保护放在了更加突出和重要的位置。2014年新修订了《环境保护法》，标志着环境保护的立法和执法取得明显进展。2015年10月党的十八届五中全会通过的《中共中央关于制定国民经济和社会发展第十三个五年规划的建议》提出了五大发展理念，其中，绿色发展成为中国生态文明建设的重中之重，也是推动中国社会经济发展转型的主要方向和主要目标。2017年10月18日党的十九大报告指出“坚持节约资源和保护环境的基本国策，像对待生命一样对待生态环境，统筹山水林田湖草系统治理，实行最严格的生态环境保护制度”，用了“生命”“最严格”的字眼，表达了政府加快环境保护工作的决心，也反映出政府将加大环境污染防治制度约束和监管力度，将环境保护工作落到实处的意图。

另外，经过30多年的奠基，我国经济稳定高速增长，环保投资总量也不断提升，其中2001~2005年环境污染治理投资总额占GDP比重的范围为1.01%~1.30%，均值为1.41%；2006~2010年环境污染治理投资总额占GDP比重的范围为1.22%~1.67%，均值为1.42%；2011~2015年环境污染治理投资总额占GDP比重的范围为1.27%~1.59%，均值为1.45%。可见，我国从“十五”到“十二五”期间的环境污染治理投资总额占GDP比重整体呈小幅度上升趋势。

但是，根据国际经验，当环境污染治理投资占 GDP 比重达到 1% ~ 1.5% 时，属于基本控制环境污染；当达到 2% ~3% 时，才能改善环境质量。从以上数据可知，我国环保投资总额仍有待提高。现阶段，我国环保投资结构以政府投资为主，而政府环保投资是有限的，单纯依靠政府环保投资，忽视市场机制和社会机制，不仅造成环境保护投资效率总体偏低，提升速度缓慢，也不利于形成环保投资的内生增长机制（陈鹏等，2012）。实际上，我国 80% 左右的污染是由企业的生产经营活动造成的，企业不仅是市场主体，也是污染的生产者，理应承担环境保护责任，加大企业环境保护投资力度，这是提高环境保护投资效率和效果的有效途径。

在这样的政治和经济背景下，企业想要发展必须承担起环境保护的责任，将其纳入企业发展战略。但是，目前企业管理者对环保投资的认识更多地表现为对环境规制压力的响应，尚未将其作为企业战略管理中的主动行为，更未将环保投资作为实现价值创造不可或缺的行动。因此，本书从新兴的外部力量和组织内部因素出发挖掘影响企业环保投资的关键因素，对实现企业环保绩效和经济绩效双赢具有重要意义。

二、研究目的与意义

（一）研究目的

利益相关者理论认为，企业是利益相关方相互关系的联接，任何一个企业的发展都离不开各种利益相关者的参与和投入，企业追求的是利益相关者的整体利益，而不是某一利益相关者的利益。因此，公众参与作为一种民主监督力量，将对企业环保投资决策产生影响。本书将结合中国特殊的国情，研究新兴外部监督力量对企业环保投资决策的影响机制，为实现政府、企业、公众“三位一体”的民主环保管理模式提供新思路。

唯物辩证法认为矛盾是事物发展的动力和源泉，内因是事物发展的根本原因，外因是事物发展的必要条件，外因通过内因而起作用。在企业绿色发展问题上，企业组织、社区群众、媒体、政府强制措施和优惠措施等外部因素是企业环保投资行为的外因，将加速或延缓企业绿色发展进程，但不管外因的作用有多大，都必须通过内因才能起作用，因此企业要独立自主、自力更生，发挥或开发企业自身优势，主动出击获取绿色竞争力，在企业环保投资与经营目标矛盾中寻求实现企业双赢的路径。本书在探究中国企业环保投资行为特点和问题的基础上，从组织内部出发，深挖影响企业环保投资的内部治理因素，为中国实现绿色发展目标提供理论和现实依据。

（二）研究意义

1. 理论意义

（1）丰富绿色发展理论。本书根据 Schwartz 和 Carroll 提出的企业社会责任三领域理论模型、利益相关者理论、组织行为学、管理心理学等理论，并结合中国国情，探讨影响企业环保投资行为的内外部因素，使相关理论在企业投资行为绿色化层面上得以结合和拓展，综合性、系统性研究弥补了过去相关研究的局限性，在丰富既有文献的同时，推动相关学科的发展。

（2）深化企业环保投资影响因素研究。本书将企业环保投资作为单维构念从企业道德责任、经济追求和制度响应三个方面研究组织内外部因素对企业环保投资行为影响和实现路径。另外，将企业环保投资行为按照一定原则细分为企业前瞻性环保投资和治理性环保投资，研究组织内外部因素对企业不同类型环保投资的不同影响和实现路径，使企业环保投资行为研究更加深入。

2. 实践意义

（1）为政府制订相关政策提供依据。2015 年，“十三五”规划中明确提出了生态环境质量总体改善的主要目标，本书的研究结论有利于政府明确企业不同类型环保投资行为关键的内外部影响因素，这既为政府正确指导和有效促进企业环保投资行为发展提供了新借鉴，也为政府贯彻党的十九大最严格的生态环境保护制度提供了新思路，更为政府解决“人民日益增长的美好生活需要同不平衡不充分发展之间的矛盾”提供了新方法。

（2）为企业提高绿色发展能力提供依据。深入研究企业环保投资行为的实现机制，有利于企业加强内部治理，促进企业调动积极性利用或培养自身优势，获取绿色竞争力的先机，为实现环保绩效和经济绩效双赢提供了新思路。同时，也有利于调动全社会的力量，从外部监督的角度促进企业环保投资行为，实现企业环保投资的长效机制。

三、研究思路与方法

（一）研究思路

本书按照“提出问题——分析问题——解决问题”的思路，将理论分析与实证分析有机结合。首先，从中国特殊的政治和经济背景出发，探讨我国企业环保投资的内容、结构、分类、分布特征和发展现状。其次，通过定性和定量的方法，从单维和多维视角研究了外部监督和内部治理因素对企业环保投资行为的影响。根据 Schwartz 和 Carroll（2003）提出的企业社会责任三领域模型，从道德层面、经济层面和制度层面分析企业环保投资行为动机，具体体现在：其一，从企业道德动机出发，对公众参与和企业环保投资行为的关系，以及产权性质的调节作用进行实证分析；其二，从企业经济动机出发，对绿色形象与企业环保投资行为的关系，以及公众关注度的调节作用进行实证分析；其三，从企业制度动机出发，对管理层代理成本与企业环保投资行为的关系，以及环保部门设置的调节作用进行实证分析。最后，在理论与实证分析的基础上，就如何协调组织内外部影响因素与企业环保投资的关系提出相应的对策建议。本书的研究思路如图 0-1 所示。

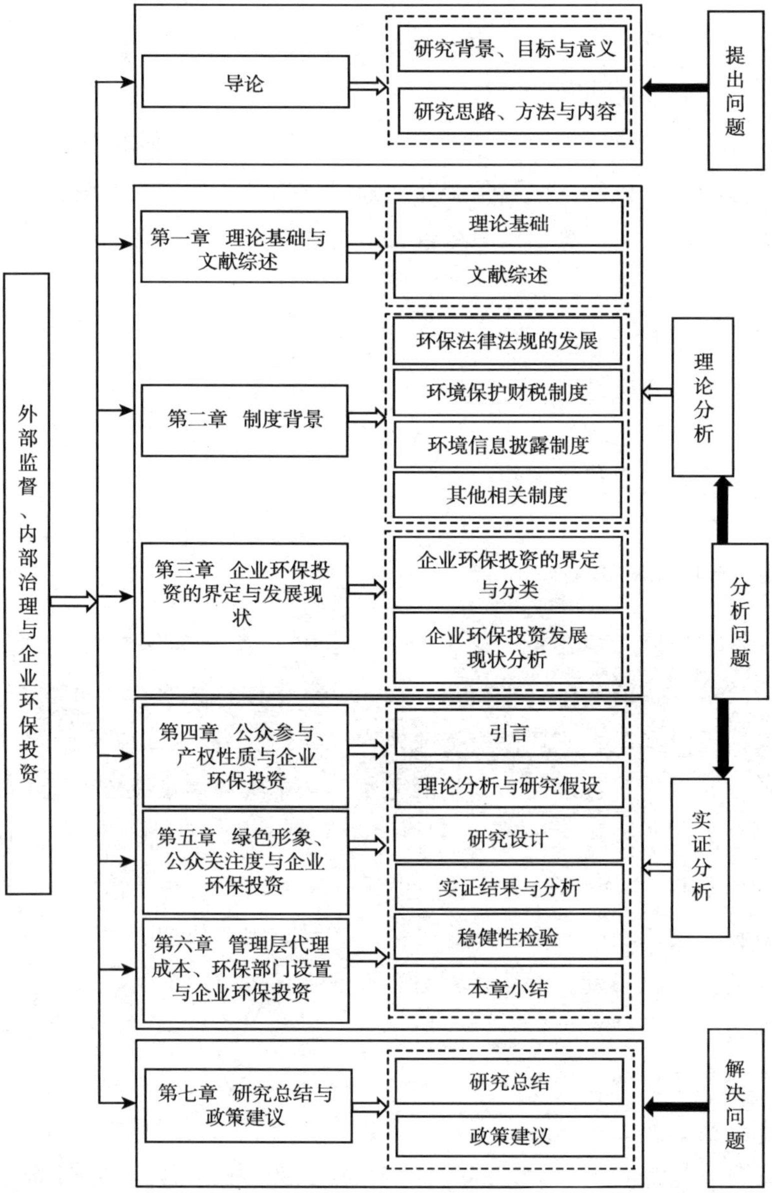

图 0-1 本书的研究思路

（二）研究方法

本书研究严格遵循“定性——定量——定性”的过程，把动态和静态的方法有机结合，具体如下：

1. 定量分析与定性分析相结合

本书在广泛查阅、整理和分析相关文献的基础上对企业环保投资的概念进行界定，并依据一定原则对企业环保投资行为进行划分，定性分析的目的在于为企业环保投资行为进行定量分析。通过文献分析和基于相关理论收集和分析公众参与、绿色形象、环保部门设置和管理层代理成本等相关变量数据。

2. 规范分析与实证分析相结合

本书使用 Median 检验、Kruskal – Wallis H 检验、Mann – Whitney U 检验和 Kolmogorov – Smirnov Z 检验方法对我国上市公司企业环保投资分类特征和分布特征进行非参数检验。并以此为基础，结合利益相关者理论和组织理论等多重理论，从单维构念和多维构念的双重视角，研究企业环保投资的内外部影响因素。

首先，运用固定效应模型实证分析公众参与对企业不同类型环保投资的不同影响，以及运用调节效应模型实证分析产权性质在公众参与和企业不同类型环保投资之间关系的不同调节作用。

其次，运用 Logit 模型检验影响企业环保投资概率的内外部因素，并运用 OLS 普通最小二乘法实证分析绿色形象对企业不同类型环保投资的不同影响，以及运用调节效应模型实证分析公众关注度对绿色形象和企业不同类型环保投资之间关系的不同调节作用，并使用工具变量法进行稳健性检验。

最后，运用 OLS 普通最小二乘法实证分析管理层代理成本对企业不同类型环保投资的不同影响，以及运用调节效应模型实证分析企业环保部门设置对管理层代理成本与企业不同类型环保投资关系的不同调节作用。进一步研究产权性质对环保部门设置、管理层代理成本与企业环保投资关系的影响。

规范分析和实证分析相结合的目的在于检验本书所提及的公众参与和组织内部控制因素对企业不同类型环保投资行为的不同影响及实现路径，为提出协调内外部因素与企业环保投资关系的政策提供相应的依据。

四、研究内容

（一）理论研究

（1）导论部分介绍本书的研究背景、目的与意义以及研究思路、方法与内容。通过对我国环保战略转变的历程，经济发展与环境污染投资现状分析，发现我国环保投资一直以政府环保投资为主，缺乏环保投资的内生增长机制。充分利用市场机制和社会机制促进企业环保投资行为是提高环境保护投资效率和效果的有效途径。结合我国特殊的政治、经济、文化背景去探讨组织内外部因素对企业环保投资的影响及实现路径，是一个非常重要但又未得到足够研究的问题。

（2）第一章为理论基础与文献综述。本章围绕影响企业环保投资行为的内外部因素，阐述相关理论和国内外文献。第一，分析了影响企业环保投资行为的基础理论——制度理论、资源基础观、利益相关者和高阶理论的内涵和基本形式，为本书研究奠定理论基础。第二，在文献综述方面，本书将企业环保投资的影响因素分为四个方面进行回顾：一是基于合法性视角，研究环境规制对企业环保投资的影响；二是基于利益相关者视角，研究外部利益相关者（消费者、社会公众、供应商、竞争者）对企业环保投资的影响；三是基于组织内部特征，研究高管、环境管理系统及其他内部因素对企业环保投资的影响；四是从研究领域、研究重点、研究方法三个方面对国内外研究文献进行评述。

（3）第二章为制度背景。由于企业环保投资决策在很大程度上受到国家环保战略、政策、法律法规的影响，因此，本书有必要对中国的环境保护战略、政策与法律法规的发展历程进行概述。一方面，由于环保部门通常根据国家五年计划来制订环境保护的方针、政策和法律法规，因此本章按照每两个五年计划的时间间隔将中国的环境保护制度历程划分为五个阶段，以此来分析中国环境保护发展问题的历史沿革；另一方面，从环境保护财税制度、环境信息披露制度和其他相关制度三个方面分析影响企业环保投资行为的具体制度。

（4）第三章为企业环保投资的界定与发展现状。第一，明确企业环保投资的定义，根据主要目的性原则和资本化原则界定企业环保投资的定义；第二，明确企业环保投资统计原则，根据确定性原则和一致性原则对企业环保投资进行统计；第三，明确企业环保投资的分类，根据分类的理论依据和内容特征，将企业环保投资进一步细分为企业前瞻性环保投资和企业治理性环保投资两类；第四，明确企业环保投资的发展现状，使用 Kruskal - Wallis H 检验、Mann - Whitney U 检验和 Kolmogorov - Smirnov Z 检验等方法对我国上市公司企业环保投资的分类特征和分布特征进行非参数检验，突出不同行业、不同地区、不同经济发展水平、不同环境管制强度和不同生命周期阶段和不同产权性质下企业环保投资的分类特征和分布特征。

（二）实证研究

第四章、第五章和第六章分别研究组织内外部因素对企业环保投资行为的影响及实现路径。在理论分析的基础上，以我国 A 股制造业上市公司为研究对象，对“公众参与——企业环保投资行为”“绿色形象——企业环保投资行为”“管理层代理成本——企业环保投资行为”的关系进行实证研究。

（1）第四章公众参与、产权性质与企业环保投资。根据 Schwartz

和 Carroll（2003）对道德领域的定义认为，指一般人群和相关利益相关者对企业道德责任的期望。公众参与通过投诉和听证会等方式对企业环保投资决策产生影响。因此，本章运用固定效应模型和调节效应模型，从单维构念和多维构念的双重视角实证研究公众参与对企业环保投资行为的影响，以及产权性质对公众参与和企业环保投资关系的调节作用。

（2）第五章为绿色形象、公众关注度与企业环保投资。根据 Schwartz 和 Carroll（2003）对经济领域的定义认为，企业任何以提高利润和/或分享价值为目的的活动均具有经济性，并将经济活动细分为直接经济活动和间接经济活动。企业塑造绿色形象是间接经济活动的突出表现形式。企业良好的绿色形象有助于企业提升资源获取能力，形成异于其他企业的稀缺资源，从而获得市场认可，进一步影响企业环保投资决策。因此，本章运用 Logit 模型实证研究影响企业环保投资概率的内外部因素，为构建模型提供依据。运用 OLS 回归模型和调节效应模型，从单维构念和多维构念的双重视角实证研究绿色形象对企业环保投资行为的影响，以及公众关注度对绿色形象和企业环保投资关系的调节作用。

（3）第六章为管理层代理成本、环保部门设置与企业环保投资。根据 Schwartz 和 Carroll（2003）对制度领域的定义认为，管理层的私人收益动机对企业环保投资决策产生影响，环保管理部门专门化降低信息不对称和投资不确定性风险，从而影响企业环保投资决策。因此，本章运用 OLS 回归模型和调节效应模型，从单维构念和多维构念的双重视角实证研究管理层代理成本对企业环保投资行为的影响，以及环保部门设置对管理层代理成本与企业环保投资关系的调节作用。进一步实证研究产权性质对环保部门设置、管理层代理成本与企业环保投资关系的影响。

外部监督与内部治理对企业环保投资的影响及实现路径分析如图 0 -2所示。

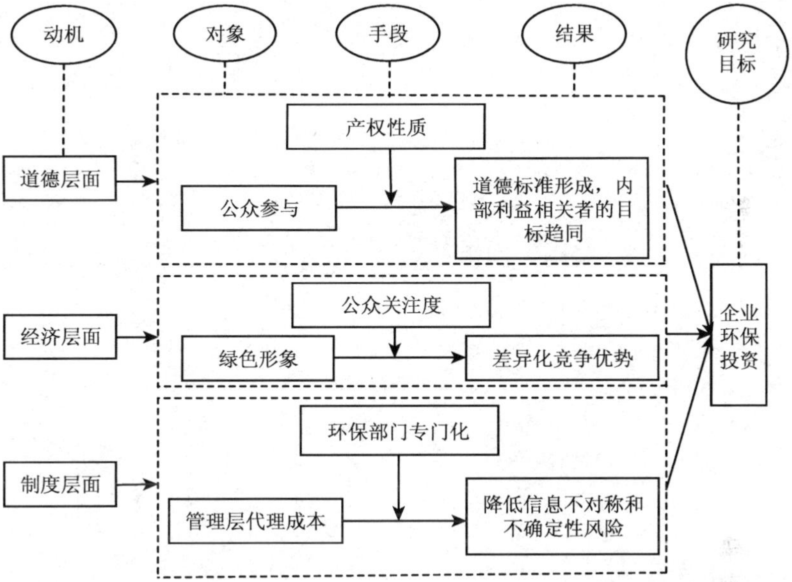

图 0－2 外部监督与内部治理对企业环保投资的影响及实现路径分析

（三）研究总结与政策建议

第七章为研究总结与政策建议。本章在前述章节的理论分析和实证分析的基础上，得出研究结论。并结合国家战略方针和政策，对协调组织内外部因素与企业环保投资行为关系的政策进行研究。

（1）对政策制定者的政策建议。从政府应健全公众参与制度与配套制度、政府应积极推动环境规制制定和执行工作两个方面来阐述。

（2）对公众的政策建议。从公众应加强主人翁意识和环保责任感、提高公众环保参与水平和加强 NGO 组织对公众的引领作用三个方面来阐述。

（3）对企业及企业管理者的政策建议。从重视企业环保战略定位、重视企业内部治理因素对企业环保投资的影响和加强企业管理者的环保意识三个方面来阐述。

第一章　理论基础和文献综述

第一节 理论基础

一、制度理论

制度理论起源于社会学和政治学的学术领域（Scott，2001），制度理论的第一个层次认为人类的许多行为无法用理性行为假设来分析，强调人类的行为经常不受功利主义的驱动，而是在强制、模仿及规范压力下，更多出于合法性的考虑或是认知方面的原因而趋同（DiMaggio and Powell，1983；Meyer and Rowan，1977）；第二个层次认为人类理性行为本身的选择偏好来自制度，而不是一种先验的和外在的存在。制度理论的核心命题是制度同形能否带来组织合法性（Deephouse，1996）。根据 Suchman（1995）对合法性的定义，合法性具体包括两个层次：一是组织符合一定标准，二是被公众所接受。因此，环境规制和为了获得公众接受推动企业进行环保投资从而实现合法性目的。

其中，环境规制是公共组织为保护和改善环境、防治环境污染和生态破坏，而决定实施的行动、计划、规制、措施和其他各种对策的总称（蔡守秋，2009）。环境规制和其他规制不同之处在于，它既调整人与人之间的关系，也调整人与自然的关系，强调保护人与自然和谐共处的关系和秩序（董颖，2013）。环境规制包括环境法规和以市场为基础的工具，如环境税（Demirel and Kesidou，2011），也包括自愿协议政策和信息工具政策（Jordan et al.，2003）。环境规制对治理环境问题是一个有效工具（Milliman and Prince，1989）。

二、(自然) 资源基础观

1984 年，Wernerfelt《企业的资源基础观》[①] 的发表标志着资源基础观（RBV）的诞生，资源基础观认为企业资源包括所有资产、能力、组织流程、企业属性、信息和企业能控制的知识，能使企业制订和实施战略目标，用以提高其效率和有效性。资源基础观强调企业具有的异质性和独特性是企业持续竞争优势的源泉，企业的资源和能力是企业竞争优势和成功的关键因素（Barney，1991；Daft，1983）。资源基础观被认为是解释公司竞争力和成功的最被广泛接受的理论之一。但是，Hart（1995）提出，资源基础观忽略了企业与自然环境之间的相关关系。随着生态问题的日益严峻，企业的经营活动应该在自然资源基础观理论（NRBV）下考虑自然资源的限制和对环境的影响。

依据资源基础观和自然资源基础观分析企业环保投资的影响因素遵循两条逻辑：第一，企业进行环保投资是因为它有利于企业构建或获取异质性资源和能力。环保投资能提升企业的绿色声誉，构建企业专有性能力。第二，拥有异质性资源和能力的企业能够做好其他企业不能做的事。

三、利益相关者理论

利益相关者理论起源于 20 世纪 60 年代西方国家，1963 年斯坦福研究所将利益相关者定义为“对企业来说存在这样的个体或群体，如果没有他们的支持，企业就无法生存”。其后，美国学者安索芙将该理论引入管理学和经济学中，认为“要制定出一个理想的企业目

① Wernerfelt B. A Resource - Based View of the Firm [J]. Strategic Management Journal, 1984, 5 (2): 171 - 180.

标，必须综合平衡考虑企业诸多利益相关者之间的相互冲突的索取权，他们包括管理者、工人、股东、供应商和分销商”。1984 年，弗里曼在《战略管理：利益相关者管理的分析方法》一书中，明确提出利益相关者理论是企业的管理者为了综合平衡各个利益相关者的利益要求而进行的管理活动。Donaldson 和 Preston（1995）论述了利益相关者理论的具体含义包括：第一，将公司描述成一个相互合作和具有内在价值的相互竞争利益的一系列人和事物。第二，利益相关者理论为检验在利益相关者管理和各种企业业绩目标实现之间的相连性建立一个框架，即关注焦点是基于利益相关者理论，在其他条件相同的情况下，公司实践利益相关者的主张，与成功的传统业绩条件相比，在盈利能力、稳定增长等方面表现得更好。第三，利益相关者是由他们在公司的利益所确定的，不仅仅是由于他们的能力能进一步影响其他群体的利益。第四，利益相关者理论在态度、结构和实践方面构建了利益相关者管理，利益相关者管理要求关注各利益相关者的合法利益，这个要求适用于任何管理决策或影响公司的政策，不仅包括职业经理人，还包括股东和政府以及其他利益相关者。

与传统的股东至上主义相比，利益相关者理论认为任何一个企业的发展都离不开各利益相关者的投入或参与，企业追求的是利益相关者的整体利益，而不仅仅是某些主体的利益。利益相关者理论已成为企业环境责任研究的主要理论范式，环保投资是企业环境责任的重要内容和表现形式之一，因此，不能忽视利益相关者对企业环保投资的影响。

四、高阶理论

Hambrick 和 Mason（1984）创新地提出了高阶理论（upper echelons theory）。该理论以人的有限理性为前提，把高层管理者的特征、战略选择、组织绩效纳入高阶理论研究的模型中，突出了人口统计学特征如年龄、功能、职业经历、受教育程度、社会经济背景、财务状况和组织异质性等对管理者认知模式的作用以及对组织绩效的影响。该理论强调组织管理者的价值观和认知能力对组织战略和有效性的影响。高阶理论被广泛地应用于预测组织结果、人才选拔和预测竞争对手的行动和策略。

一般情况下，企业管理者所感知的压力越大，越有动力进行环境计划，投资于环境保护项目，内部管理对环保行动的支持是环境管理系统应用的关键驱动因素（Zhu and Sarkis，2004；Hamel and Prahalad，1989）。企业管理者对企业实施环保投资也有较大影响，企业管理者的信念、价值观等，直接决定企业的环保承诺和支持程度，进而决定企业的环保导向和环保战略（Fineman，1997）。企业管理者承诺和支持是企业内部一股强大的政治力量（Drumwright，1994），管理者环保承诺和支持度越大，企业越可能进行环保投资。首先，管理者承诺和支持能为环保投资提供资源支持。因为，相对于其他环保举措而言，环保投资涉及新技术开发，需要更多的资源投入。其次，环保投资因其双重正外部性而难以获得资源配置优先权，因此，企业的环境管理部门与其他部门（如研发、市场和生产部门）需要通力合作（Ho et al.，2009）。显然，企业管理者承诺和支持能够确保企业不同部门之间的协调和沟通更加顺畅（Ho et al.，2009；Weng and Lin，2011）。最后，管理者承诺和支持有利于激发员工环保投资的创造力和调动员工环保投资的积极性，进而有助于提升整个企业的环保投资水平（Ramus and Steger，2000）。

第二节 文献综述

一、环境规制与企业环保投资

近代社会以牺牲环境利益为代价的发展模式受到了国外学者们的

广泛质疑，20 世纪 70 年代，企业绿色化运动在西方兴起，政府为了缓解环境破坏引发的社会问题，开始出台系列制度法规，同时，学术界开始基于合法性视角，研究环境规制与企业环保投资行为。环境规制影响企业环保投资行为文献主要依据以下三个假说展开研究，其中，污染避难所假说和要素禀赋假说取决于一个国家和地区的相对优势而言，具体如下所述。

（一）污染避难所假说

第一个假说是污染避难所假说（pollution haven hypothesis），该假说认为企业倾向于将他们的生产活动放置到环境标准较低的国家或地区，从而避免较高的环境合规成本（Copeland and Taylor，1994；Bagwell and Staiger，2001）。Lucas 和 Hettige（1992）研究发现 OECD 国家在环境规制强度大的时期，发展中国家的污染密集型产品的生产和出口都有所增加，该研究支持了污染避难所假说。刘建民和陈果（2008）、陈刚（2009）利用中国省级面板数据，研究发现环境规制强度与 FDI 的流入负相关，支持了污染避难所假说。

Eskeland 和 Harrison（2003）分别采用 1977～1987 年科特迪瓦的数据、1983～1988 年委内瑞拉的数据、1985～1990 年摩洛哥的数据以及 1984～1990 年墨西哥的数据检验跨国公司的投资行为，研究发现投资到这四个国家的外国企业的能源效率显著提高以及使用更清洁的能源，另外，研究了 1982～1993 年美国的对外投资行为，在加入其他控制变量和行业影响后，结果没有支持污染避难所假说。Cole（2004）利用南北贸易流通数据，以 1980～1997 年 10 种空气和水污染排放量为样本，检验了在 OECD 国家（地区）和非 OECD 国家（地区）之间污染密集型产品的进出口额，研究结果没有支持污染避难所假说。童伟伟（2013）使用 Tobit 模型，并利用 2005 年世界银行对中国 12400 家制造业企业的调查数据研究发现，对于有研发活动的企业而言，环境规制对我国企业出口有正向影响，而对于没有研发活动的企业而言，环境规制对我国企业出口没有显著影响，该结果说明污染避难所假说需要在一定条件下才能成立。

（二）要素禀赋假说

第二个假说是要素禀赋假说（factor endowment hypothesis），该假说认为丰富的自然资源可以改善企业生产的可能性，因此，行业可能接受更严格的环境规制，为了从丰富的资源那里获得超过相应环境合规成本的收益，此时企业将进行环保投资，这一假说认为环境规制与企业环保投资行为存在正相关关系（Taylor and Copeland，2004）。李永友和沈坤荣（2008）、原毅军和耿殿贺（2010）、姜锡明和许晨曦（2015）研究认为，如果没有政府严格的环境规制，企业是不会主动展开环境治理和环保投资，即使进行一些环保投资，也仅是在面对政府环境规制时所做出的反应，环境规制与企业环保投资存在正相关关系。张济建等（2016）利用2008～2013年A股上市公司152家样本研究发现，环境规制与企业环保投资行为正相关，其中国有企业的环保投资规模更大。另外，国有企业更易受媒体监督的影响，对企业环保投资产生积极影响。李冰（2016）利用2008～2013年A股上市公司的528家样本数据研究发现，环境规制与企业环保投资规模正相关，并存在地区性差异，东部地区环境规制对企业环保投资规模的正向影响更显著。也有研究认为环境规制与企业环保投资规模负相关或不显著，如张功富（2013）研究表明，政府干预对企业环保投资决策没有影响，但随着企业投资机会的增加，企业环保方面的投资也会相应地增加。马珩等（2016）利用2010～2014年A股上市公司的414家样本研究发现，环境规制强度与企业环保投资规模负相关。

要素禀赋假说不断被研究者证明，并得以发展，Leiter等（2011）基于要素禀赋假说，使用环境支出和环境收入来衡量当地的环境规制强度，并采用1998～2007年欧洲国家9个特定行业投资数据实证研究发现，政府环境投资和政府环境收入（如与环境保护相关的税收收入）对企业有型商品投资、在建和改建项目投资、机械投资和生产性投资均有正向影响，但进一步研究证明环境规制与企业环保投资行为不是线性关系，当企业环境成本低于环境收益时，环境规制越严格越能促进企业环保投资；当环境成本高于环境收益时，环境规制越严格越不能激发企业环保投资，因此环境规制和企业环保投资之间是非线性的倒“U”形关系。我国最具有代表性的文献是唐国平等（2013）利用2008～2011年A股上市公司数据研究发现，环境规制处于较低水平，企业缺乏环保投资意愿，但环境规制与企业环保投资之间的关系不是线性的，两者呈“U”形关系，并进一步结合行业属性，研究发现重污染行业比非重污染行业企业的环保投资规模大，说明企业环保投资具有显著的行业差异。

（三）波特假说

第三个假说是著名的波特假说（Porter hypothesis），Porter 和 Van der Linde（1995）认为，适当的环境规制通过刺激新技术应用的政策促使企业进行更多的创新活动，而这些创新将提高企业的生产力，从而抵销由环境保护带来的成本，同时诱导资源的有效利用。Demirel 和 Kesidou（2011）利用2005～2006年289家英国企业数据和 Tobit 模型研究发现，环境规制有效地促进了管道末端技术和环保研发投入。Horbach 等（2012）利用欧洲委员会的社区创新调查数据，研究发现环境规制是推动环保创新投资的重要因素，该结果支持了波特假说。我国学者生延超（2013）运用逆向归纳法讨论了环保创新补贴和环境税约束相结合的环境规制对企业环保技术创新投入的影响，结论支持了波特假说，即环境规制可以促进企业环保技术创新，加大环境污染治理投入。

Leiter 等（2011）认为虽然波特假说强调环境规制和创新的关系，但是将环境规制与创新投资以及投资的关系联系起来，即企业有动机投资更清洁的生产技术去降低排污成本，这些投资会产生更高的生产力，从而为企业赢得竞争优势。但是，如果环境合规成本很高，则有可能导致环保创新投资作用不重要，将环境规制对企业环保投资的积极影响转变为消极影响，所以“波特假说”需要在一定条件下才能成立。我国学者李婉红等（2013）利用2003～2010年16个污染密集型行业的面板数据研究发现，在控制行业规模和创新人力资源投入的条件下，环境规制强度与绿色技术创新投资正相关，但是在不控制两个变量的条件下，环境规制强度与绿色技术创新投资负相关。王锋正和郭晓川（2015）利用2003～2011年12个资源型产业面板数据得出波特假说成立具有条件性的结论。

（四）不同环境规制形式对企业环保投资的影响研究

环境规制有不同形式，主要表现为市场性环境规制工具和命令控制性环境规制工具，工具不同发挥的效用也不同，其中市场性环境工具主要为税收和交易许可证等，命令控制性环境工具主要为性能标准和技术标准等。大多数研究认为市场性环境规制工具更加能够激发企业积极主动的环保投资。Newell等（1999）研究了能源价格和能源效率标准对创新投资的影响，研究结果表明能源价格变化诱发了创新投资，进而促进了能源效率增长，能源效率标准和能源效率具有统计上的显著性，但对出售的家用电器的能源效率产生的影响不明显。Johnstone和Labonne（2006）认为环境规制提供了两种激励：一种是在既定的生产水平上减少污染的静态激励，另一种是刺激企业发展和采用更清洁技术的动态激励。实证研究发现，环境规制的严格性增加了环保研发投资，且更灵活的环境规制，如污染税，对于环保研发投资有积极影响。Demirel和Kesidou（2011）使用2005年和2006年289家英国公司的数据，并利用Tobit模型实证检验了不同环境规制工具对不同类型企业生态创新投资的驱动作用，其中环境法规对管道末端技术投资和环境研发投资有促进作用；环境税作为一种市场性环境规制工具，对管道末端技术投资、环境研发和管道集成技术投资有重要正向影响。Meltzer（2014）研究发现美国碳税能弥补政府补贴、贷款等政府政策的缺陷，进一步推动研发投入发展绿色技术。Eyraud等（2013）利用35个发达国家和新型国家的能源数据集，实证研究发现环保投资受到经济增长的推动，另外，引入碳定价计划和电价补贴对环保投资有积极的显著影响。

现阶段，我国学者们更多的做法是在制度理论的基础上进一步结合行业特点、产权性质、地区差异研究不同环境规制对企业环保投资影响，如问文等（2015）研究发现，在排污权交易政策下，企业偏好于应对型环保投资战略，企业环保意识显著影响企业环保投资战略选择，并进一步验证了企业环保投资规模在重污染行业和非重污染行业之间的显著差异。毕茜和于连超（2016）利用2008～2014年A股上市公司中的144家重污染行业企业样本，研究发现，环境税与企业环保投资规模正相关，其中国有企业比非国有企业的环保投资规模大。李冰（2016）利用2008～2013年A股上市公司的528家样本数据研究发现，环境规制与企业环保投资规模正相关，并存在地区性差异，东部地区环境规制对企业环保投资规模的正向影响更显著。刘常青和崔广慧（2017）利用2003～2014年A股上市公司的120家重污染行业公司的1234个样本研究发现，2007年1月1日起实施的新会计准则对企业环保投资规模有正向影响，其中国有企业环保投资额显著增加，但对非国有企业环保投资规模的影响不显著。胡立新和韩琳琳（2016）利用2010～2013年A股上市公司257家样本分析了不同类型环境规制对企业环保投资的影响，研究发现，地方政府环境政策颁布数、地方政府排污费征收与企业环保投资规模正相关，但是地方政府环境污染治理投资额与企业环保投资规模负相关，地方政府环境宣传教育对企业环保投资规模没有显著影响。

二、外部利益相关者与企业环保投资

在环境问题上，随着人们的环保意识增强，企业不仅要追求经济效益，也要执行长期的可持续思维，依赖非经济目标，从而实现企业的双重目标。学者们开始基于利益相关者理论阐述利益相关者对企业环保投资行为影响。利益相关者理论认为公司应该考虑多个利益相关者的利益来制订战略，从而获得利益相关者的信任和支持（Freeman，1984）。企业外部利益相关者包括消费者、社会公众、供应商和竞争对手等。Banerjee（2003）利用利益相关者理论和调查数据研究发现，公众环保关注、监管力量、竞争优势和最高管理承诺是影响企业环保行为的重要影响因素，进一步研究发现行业能够调节不同类型影响因素与企业环保行为的关系。Ganapathy 等（2014）将环保投资的驱动因素进行总结，表示企业环保投资的驱动因素包括制度压力（通过政府法律）、强制压力（为了满足各种标准和顾客的要求）、模拟压力（来自同行和竞争对手的竞争）。

（一）消费者的影响

随着人们环保意识的增强，消费者对消费品提出了绿色环保要求，对含有“有机”“可降解”“可再生”“绿色”等字样的商品愿意支付更高的价格购买。例如，Horbach（2008）、Horte 和 Halila（2008）研究表明，当消费者有更加强烈的意愿选择绿色产品和愿意支付更高的价格购买环境友好产品时，对企业环保投资行为有重要影响，Kesidou 和 Demirel（2012）对 2006 年的 1566 家英国公司的环境创新投资影响因素进行研究后发现，需求因素影响企业环保投资的决策，倘若把环保投资作为单维构念，那么消费者需求与企业环保投资行为显著正相关；而倘若把环保投资作为多维构念，那么，消费者需求对不同类型的环保投资产生不同的影响。

我国学者伊晟和薛求知（2016）以我国 210 家制造业企业样本的调查问卷数据，研究发现企业与消费者的协作对企业的绿色产品创新和绿色流程创新具有显著的正向影响。但是，叶飞和张婕（2010）以广东省珠三角地区 148 家制造型企业为研究对象，通过问卷调查收集数据并利用结构方程模型进行实证研究，研究结果表明消费者对绿色设计的影响并不显著。

（二）公众参与的影响

公众参与的出现最早可以追溯到20世纪70年代，当时受到环境法规的推动，将公众参与引入国家环境问题中。直到90年代，公众参与作为“开门”模式的协商方法在环境影响评价中被采纳，以确保可持续环境、生物多样性资源和当地居民生活安全。现有文献较多地讨论了公众参与环境影响评价的参与方式和途径，对环保决策的作用以及现有缺陷进行理论分析。Rajvanshi（2003）对印度公众参与环保决策的价值进行理论分析认为，公众通过听证会参与环境影响评价过程，由于公众听证小组由SPCB代表、地区执行官或他的候选人、处理该项目的州政府部门、处理环境问题的州政府部门及地方政府机构，如实证机构（不超过三名），最多三名被区执行官题名的高级居民组成，只有在听证会完成后，出具“无异议证明”才能去建立该项目，因此，通过完善公众听证会的通知机制、小组的构成、地点等方面内容，充分发挥公众参与环保决策的作用，将有效解决可持续问题。

更多的研究将公众参与应用于水资源管理领域，例如，Dungumaro和Madulu（2003）理论分析认为在水资源管理中公众参与承诺能够实现水资源更可持续的管理。因为公众参与模式充分吸取了当地人的知识和意见，建立公众信任，减少了由于利益和要求不同导致在水资源使用者和其他利益相关者之间的抗议和对抗。Fritsch（2016）认为公众参与通过收集一系列利益相关者的数据、信息和观点，增强了决策者的知识基础。通过公众参与有助于获知以前被忽视的政治缺陷，并增加公众决策的接受率。因此，公众参与是提高政策有效性的工具。Madero和Morris（2016）利用文献资料和采访分析了墨西哥城市可持续发展问题，分析认为墨西哥城市在可持续发展方面获得国际声誉主要是在实施城市发展计划过程中充分调动了社会各阶层利益相关者的积极参与。我国学者熊鹰（2007）使用博弈方法分析了公众参与对企业污染行为影响，说明公众参与不仅在短期内促进企业污染防治行为，随着公众参与度的提高，也对企业污染防治行为发挥了长效监督作用。但是，问文等（2015）研究发现社会群众压力对企业主动型环保投资战略选择具有负面影响。

（三）供应商的影响

企业长期战略优势可以通过与供应商密切合作来实现，企业与供应商密切合作，为企业提供足够的指导、建议和协助，并分享它们的知识，帮助企业获得更“绿色”的技巧。另外，供应商要求企业将环境问题纳入产品的设计和生产过程中，在产品的开发阶段，减少材料和包装对环境造成负面影响。企业通过增加环保产品的开发时间和开发成本来实现供应商的要求。Chiou 和 Chan（2011）采用结构方程模型研究发现，供应商对企业环保产品投资、环保工艺投资和环保管理投资有正向影响。Lin（2011）对汽车制造业企业的绿色供应链进行研究后发现，绿色供应链不仅可以减少环境问题，也能给制造商带来经济效益，其中企业对环境友好型材料的采购成本的增加是最具影响力和最重要的绩效标准，而企业实施污染控制措施是最有效的绩效标准。伊晟和薛求知（2016）实证研究发现绿色供应链管理对企业绿色产品创新和绿色流程创新投资正相关。但是，叶飞和张婕（2010）以广东省珠三角地区 148 家制造型企业为研究对象，通过问卷调查收集数据并利用结构方程模型进行实证研究，研究结果表明供应商对绿色设计的影响并不显著。

（四）竞争者的影响

竞争者是刺激企业进行环保投资的重要影响因素。Maxwell 和 Decker（2006）理论分析公司间的互动可能会导致战略上的冲突，环境投资旨在将监管审查转向竞争对手，产品市场竞争可能会影响公司环保投资行为。Delmas 和 Burbano（2011）组织趋向于按照同行业中具有更合法和更成功的企业的样子塑造自己，研究显示，这个规律适用于绿色实践。这说明部分企业可能由于害怕落后支持绿色实践。这一观点获得了 Cooper（2015）的认同，他认为一个行业内的绿色规范可以向落后者施加压力，竞争对手环保投资在节约成本的同时避免了在不利环保声誉中的竞争劣势。我国学者张海姣和曹芳萍（2013）实证研究发现，获取竞争优势是企业环保实践的主要动机。李怡娜和徐丽（2017）利用 442 份调查问卷和结构方程模型研究发现，竞争环境通过内部绿色实践对供应链绿色协作产生正向影响。蒋雨思（2015）利用 86 家企业的问卷调查数据研究发现，来自竞争、顾客的压力和机会均对企业环保行为产生显著积极影响。李虹等（2017）利用 2010～2015 年 A 股重污染行业上市公司数据研究发现，市场竞争力对管理层能力与企业环保投资规模“U”形关系有调节作用。

三、组织内部因素与企业环保投资

随着研究的不断深入，国外学者开始从企业内部着手，研究组织内部因素对企业环保投资行为的影响，大多学者从企业特征出发，基于高阶理论和组织理论研究企业高管层、企业规模、资源获取能力、股权集中度以及环境管理等特征因素对环保投资行为的影响，从研究结果来看，大多数企业内部治理因素与企业环保投资行为存在正相关关系。

（一）高管的影响

高阶理论以人的有限理性为前提，通过将高管的特征纳入模型中（Hambric and Mason，1984），分析对高管特征对企业环保投资行为的影响。企业高管层对企业环保投资行为产生积极影响，例如，Deckop（2006）研究表明在长期内CEO的薪酬结构对企业社会责任活动有积极影响；Ho等（2009）认为管理者承诺与支持能为环保投资提供资源支持，有利于激发员工环保投资的创造力和调动员工环保投资的积极性，进而有助于提升整个企业的环保投资水平。Mackenzie（2013）研究发现，经理层不论是出于自私、无私还是战略原因，均倾向于企业社会责任投资。我国学者孙德升（2009）通过理论分析了不同高管团队特征与企业社会责任行为之间可能存在的关系。吴德军和黄丹丹（2013）研究发现高管性别影响企业环保行为，女性担任高管的公司环境绩效更好，高管长期薪酬与企业环境绩效正相关。李怡娜和叶飞（2013）利用珠三角地区的148家制造业企业的问卷调查数据，研究发现高管支持与企业环保创新实践正相关。苏蕊芯（2015）利用2011～2015年中国绿公司百强榜单数据并基于产权理论研究发现，国有企业高层管理者报酬与绿色投资水平正相关。另外，研究发现非国有企业绿色投资的政治关联动机比国有企业更强，非国有企业绿色投资受代理问题的影响相对较小。

另外，有部分研究认为高管特征与企业环保投资为负相关关系。例如，唐国平和李龙会（2013）通过实证研究发现，股东和管理层不仅对环保投资行为表现出较弱的积极性，还会形成“合谋”与“利益协调激励效应”，共同抑制企业环保投资；王海妹等（2014）研究发现，随着管理层拥有的股权比例不断增大，其基于自身利益逃避企业社会责任决策行为的可能性也随之提高，有可能会降低社会责任支出，减少企业环保投资；田双双等（2015）研究表明，公司管理层普遍缺乏环境治理和环境保护的积极性，样本公司的环保投资规模整体偏小，且企业之间的差异较大，权力的集中对企业环保投资产生了不利影响，管理层在环保投资决策方面更多地表现出与大股东“合谋”的倾向，而市场竞争的加剧，使这种现象更为明显；苏蕊芯（2015）研究认为CEO和总经理“两职合一”不利于企业绿色投资；

李强等（2016）利用 2008～2014 年 A 股上市公司中的重污染行业企业样本，研究发现高管政治网络与企业环保投资负相关，而且高管地方政治网络比中央政治网络对企业环保投资的负向影响更大，进一步研究发现，环境规制削弱了高管政治网络对企业环保投资的负向影响，但市场竞争强化了高管政治网络对企业环保投资的负向影响；田双双和李强（2016）利用 2008～2014 年 A 股上市公司的重污染行业企业样本研究发现，管理者私人收益与企业环保投资规模负相关，非国有企业比国有企业管理者私人收益对企业环保投资规模的负面影响更大，进一步研究发现环境规制可以降低两者的负相关关系。

（二）环境管理系统的影响

企业环境管理体系和制度对企业环保投资行为产生积极影响。Demirel 和 Kesidou（2011）使用 2005～2006 年 289 家英国公司的数据，并利用 Tobit 模型实证检验了不同企业内部因素对不同类型企业生态创新投资的驱动作用，其中机器和设备升级、成本节约的动机以及 ISO 14001 环境管理体系的建立对企业生态创新投资均有不同程度的促进作用，但是，环保社会责任制度对于三种类型生态创新投资没有发挥推动作用。Inoue（2013）使用 2003 年日本制造业企业关于“环境政策工具及企业层面管理与实务：一项国际调查”的数据，并通过 Tobit 模型解决 ISO 14001 内生性问题，实证研究表明 ISO 14001 的成熟度对企业环保研发投资有正向影响。Jabbour（2014）将环境管理成熟度划分为反应阶段、预防阶段和积极阶段，企业从环境管理预防阶段开始避免/最小化浪费或过度使用的投资，以追求环保效益；企业进入积极阶段，在供应商的影响下，对产品设计、采购和材料选择以及产品生产和管理流程投资以求实现竞争优势战略。并通过实证研究发现，环境管理成熟度对绿色采购和与顾客合作实现绿色绩效。

我国学者周泓和李在卿（2013）理论分析了 ISO 14001 认证对组织环保行为的影响，分析认为 ISO 14001 认证是促进企业环保投资行为的重要抓手。姜雨峰和田虹（2014）将制造业企业是否通过 ISO 14001 体系认证作为企业环境责任的代理变量，并使用问卷调查数据研究发现企业环境责任在绿色创新投资和企业竞争优势之间具有中介作用。

（三）组织内部其他因素的影响

大多数研究认为组织内部因素对企业环保投资行为产生积极影响。例如，Río 等（2011）基于 2000～2006 年的西班牙工业行业数据研究了环保技术投资以及管道末端技术投资和清洁生产技术投资的内外部影响因素，研究发现环境规制强度、人力资本强度和实物资本强度与不同类型环保技术投资规模均正相关。也有研究表明部分企业内部治理因素与企业环保投资行为负相关。例如，Mackenzie（2013）利用 21 个国家的 1029 家企业样本研究发现，企业股权集中度是影响企业社会责任投资的重要因素，其中机构投资者参与企业治理，对企业社会责任投资产生消极影响。

我国学者更多地从企业特征出发，研究企业规模、企业能力和企业产权性质等特征对企业环保投资行为的影响。例如，王建玲和姚树洁（2012）认为大规模企业受社会公众关注度高，因而更能履行社会责任；问文等（2015）研究发现企业规模是影响企业环保投资行为的重要因素，企业规模与企业环保主动性战略正相关，企业环保意识越强，企业越会选择应对型环保投资战略；唐国平和李龙会（2013）利用中国 2008～2011 年 A 股上市公司的数据，实证研究国有公司比民营公司投入更多的环保资金；马珩等（2016）利用 2010～2014 年 A 股上市公司的 414 家样本进行研究发现，国有企业环保投资规模低于非国有企业。

也有国内学者基于企业所处地区特征研究空间异质性与环保投资的关系。例如，高麟和胡立新（2017）利用 2010～2014 年京津冀地区重污染行业上市公司的数据，研究发现区域经济增长为企业提供良好的经济环境，与企业环保投资正相关，政府环保投资增加减少了企业环保成本，进一步促进企业环保投资，因此政府环保投资与企业环保投资正相关；任广乾（2017）理论分析认为，外部治理因素如环境规制、媒体关注和社会公众，与内部治理机制如股权结构、产权性质、董事会等均对企业环保投资行为产生直接影响；姜锡明和许晨曦（2015）利用2008~2013年A股上市公司569个数据进行实证研究发现，公司治理机制和环境规制对企业环保投资有促进作用，其中大股东和管理层治理机制与环境规制形成替代效应对企业环保投资规模产生正向影响，而董事会规模和独立董事比例的董事会治理机制与环境规制形成互补效应对企业环保投资规模产生正向影响；蔡宁等（1995）理论分析认为污染物控制标准、环境管理机构设置、工业项目环境影响评价、经济激励系统是影响企业环保投资的外部因素，而影响企业环保投资的内部因素主要是企业环保意识。

四、国内外研究述评

（一）研究领域不断拓展

企业环保投资行为受到国内外学者的广泛关注，研究领域不断拓展，从初期基于制度理论、利益相关者理论的外部因素逐渐向基于高阶理论和组织理论的企业内部因素延伸。

国外文献早期较多围绕“污染避难所假说”“要素禀赋假说”和“波特假说”论证环境规制与企业环保投资的关系，之后更多地关注不同环境规制对企业不同类型环保投资行为的影响，而国内文献更倾向于论证“波特假说”，或以合法性为视角论证环境规制与企业环保投资的关系，仅有少量文章关注不同环境规制工具对企业环保投资的影响，可能是由于我国环境规制工具较难衡量的原因造成的。

另外，国外文献从更广泛的利益主体出发，研究了利益相关者对企业环保投资行为的影响。其中，利益主体不仅包括消费者、供应商，还包括社会公众和竞争者。而国内文献较多地关注消费者和供应商，较少关注公众和竞争者。

探讨组织内部因素与企业环保投资的关系是近期国内外学者的研究侧重点。学者们普遍认为组织内部因素对企业环保战略决策有重要影响。国外研究主要关注高管薪酬结构、股权集中度和环境管理系统对企业环保投资的影响；国内研究主要关注高管特征（含高管性别、高管态度、高管薪酬、政治关联和管理者私人收益）、股权结构，并结合行业属性和产权性质等因素研究组织内部因素对企业环保投资的影响。

（二）研究重点发生转变

研究重点从什么因素影响企业环保投资行为，即驱动机制研究，到什么因素如何影响企业环保投资行为，即实现路径研究。不论国外文献还是国内文献都倾向于将制度理论、利益相关者理论、高阶理论、组织理论等多种理论相结合来论证内外部因素对企业环保投资的影响。

另外，国外文献较多采用因变量分类的方式对内外部因素和企业环保投资的关系进行深入研究，例如，Río 等（2011）将环保技术投资细分为管道末端技术投资和清洁生产技术投资，分析环境规制强度、人力资本强度与不同类型环保投资的关系。而国内文献更倾向于采用自变量分类的方式对内外部因素和企业环保投资的关系进行深入研究，例如，李强等（2016）将高管政治网络分为高管中央政治网络和高管地方政治网络，分析了不同类型高管政治网络对企业环保投资的影响。

在此基础上，国内文献更倾向于探讨在不同行业、不同产权性质、不同地区下组织内外部因素对企业环保投资的影响差异。主要原因是由于我国幅员辽阔，存在较显著的空间异质性，另外，我国明确执行“因地制宜”的环保政策，这些具有中国特色的因素都引起了国内学者的广泛关注。

（三）研究方法不断丰富

国内外文献都使用了理论分析方法和实证分析方法对组织内外部因素和企业环保投资的关系进行研究。但随着研究的不断深入，国内外学者更多地使用实证研究方法。由于与环境相关的指标存在界定不统一、难以量化等问题，国内外文献较多地使用了问卷调查的方式收集数据，并采用结构方程模型实证检验内外部因素对企业环保投资的直接影响或间接影响。近年来的国外文献开始关注内生性问题，较多地采用 Tobit 模型和固定效应模型。国内文献更多地采用普通最小二乘法进行估计，并使用增加控制变量、替代变量和抽取样本等方式进行稳健性检验，少数文献使用固定效应模型或工具变量等克服内生性问题。

以上成果为本书的研究提供了理论基础和方法的借鉴，但还存在有待进一步深化研究之处，具体而言：

第一，研究视角。一方面，现有研究大多基于制度理论研究环境规制对企业环保投资的影响，但是现有文献缺少从微观角度实证研究公众参与作为一种外部监督力量对企业环保投资行为影响机制；另一方面，现有文献主要从高管特征和股权结构两大方面研究内部治理因素对企业环保投资行为的影响，因此，从内部控制视角来探讨企业环保投资行为的研究欠缺。

第二，影响企业不同类型环保投资行为的因素及对策研究。由于企业环保投资的概念界定不统一，现有文献缺少对企业环保投资行为进行分类研究，仅将企业环保投资作为单维构念，这样不利于明确企业不同类型环保投资行为的影响因素及其相应对策，因此对能够影响企业不同类型环保投资行为的组织内外部因素研究空间依然很大。

第二章　制度背景

第一节　中国环境保护法律法规的发展历程

环境管理部门根据每一个五年计划制订环境保护的方针、政策和规定，用于协调和监督各地区和各部门的环境保护工作。随着环境管理部门的建立健全，我国环境保护法律、法规逐渐建立起来。本章依据五年计划的时间节点，将1971年至今我国环境环保法律、法规的发展历程分为五个阶段。

一、萌芽阶段

1971~1980年是我国“四五”和“五五”规划期间，我国面对着国际紧张局势，以及国内“文化大革命”的冲击。在这一阶段，中国政府更多的精力放在如何“拨乱反正”，因此没有更多地关注环境问题。1972年6月5日，中国代表团参加了在斯德哥尔摩举办的第一次国际环保大会，该会议通过了《人类环境宣言》和《行动计划》，这是全世界以共同行动的方式保护环境迈出的第一步。中国在此次会议文件上签字，并承诺与其他国家一起共同进行环境保护行动。此后，1973年6月5日，我国举办了第一次全国环境保护会议，确定了“全面计划、合理布局、综合利用、化害为利、依靠群众、大家动手、保护环境、造福人民”的32字环境保护方针。同年11月17日，《工业“三废”排放试行标准》颁布。随着环境保护行动开展的需要，在环境保护组织机构方面，1974年10月25日成立了国务院环境保护领导小组，负责环境保护日常工作。1979年颁布了《环境保护法》，该法标志着中国环境保护的基本方针、政策以法律的形式确定下来，预示着中国环境保护工作的开始。

二、起步阶段

1981～1990年是我国"六五"和"七五"规划期间，环境保护工作进入起步阶段。在环境保护总体政策方面，1981年2月14日国务院发布了《关于在国民经济调整时期加强环境保护工作的决定》，1984年5月8日国务院发布了《关于环境保护工作的决定》，以及1990年12月5日国务院发布了《关于进一步加强环境保护工作的决定》，三项《决定》是我国环境和经济、社会协调发展的纲领性文件。1983年12月31日至1984年1月7日第二次全国环境保护会议确定了"预防为主，防治结合""谁污染，谁治理""强化环境管理"三大政策。在这一阶段中，环境保护组织机构得以发展，环境保护组织机构经过了多次改革。1982年5月设环境保护局，到1984年5月成立国务院环境保护委员会，再到1984年12月将环境保护局改为国家环境保护局，成为独立的环境保护委员会办事机构。环境保护机构的设置促进了多个单行法规的形成，主要包括《海洋环境保护法》[①]《森林法》《水污染防治法》《草原法》等。并分别于1982年、1988年和1990年公布实施《征收排污费暂行办法》《污染源治理专项基金有偿使用暂行办法》《建设项目环境保护管理程序》。但是，当时中国经济发展是当务之急，因此，在涉及环境和经济发展关系问题时，始终坚持环境保护与经济和社会发展相协调的指导思想。

三、迅速发展阶段

1991～2000年是我国"八五"和"九五"规划期间，始终坚持以经济建设为主，大大增强了我国的综合国力，但也伴随着严重的环

① 书中环保法律法规的名称、颁布时间相关资料来源于环保部官方网站。

境问题，促进这一阶段的环保法律法规的迅速发展。1992 年中国参加了在巴西召开的联合国环境与发展大会，明确提出施行可持续发展战略。1996 年八届人大四次会议确定了可持续发展战略。同年 8 月 3 日国务院发布《关于环境保护若干问题的决定》中提出“逐步提高环境污染防治投入在本地区同期国民生产总值的比重”。在环境保护组织机构方面，1998 年 6 月将国家环境保护局（副部级）升格为国家环境保护总局（正部级），同时撤销了环境保护委员会。并针对环境污染涉及的领域，颁布了《煤炭法》《环境噪声污染防治法》《节能能源法》《大气污染防治法》等环境保护法律，以及《资源税暂行条例》《水污染防治法实施细则》等法规。1998 年颁布《建设项目环境保护管理条例》明确规定了环境影响评价制度，以及建设项目“三同时”管理制度，成为预防和治理污染的重要行政法规。1995 ~ 2000 年颁布的环境法律法规数急剧增加，仅 2000 年当年颁布的地方法规和行政规章之和达到了 189 项，为近 20 年之最，如图 2 – 1 所示。环境保护法律法规的建立健全为预防和治理环境问题实现有法可依奠定了坚实的基础。

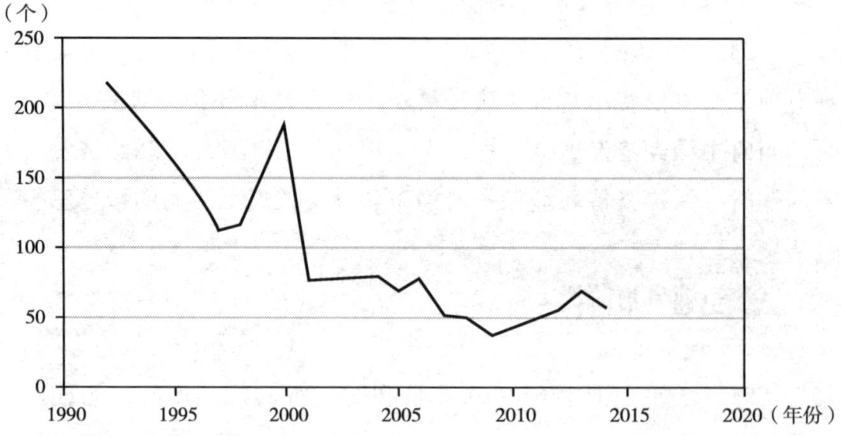

图 2 – 1　1992 ~ 2014 年我国各年颁布的环境法规数

资料来源：《中国环境年鉴》。

四、战略转变阶段

经过20年的不懈努力，中国经济快速发展，综合国力的提升也推动了环境保护工作改革。2001～2010年是我国“十五”和“十一五”计划期间，中国转变了环境保护管理战略，于2003年提出了“坚持以人为本，树立全面、协调、可持续的科学发展观”，2005年国务院发布《关于落实科学发展观加强环境保护的决定》，将过去“环境保护与经济、社会发展相协调”转变为“经济、社会发展与环境保护相协调”的指导思想，这是将“经济优先”改为“环境优先”的战略性转变。并于2008年7月将国家环保总局升格为环境保护部，成为国务院的组成部门。在此期间，相继颁布了《清洁生产促进法》《环境影响评价法》《行政许可法》《可再生能源法》《水污染防治法》《循环经济促进法》等法律，以及《排污费征收使用管理条例》和《政府信息公开条例》等若干行政规章，并对多项法律和行政法规进行了修订、修正和修改。2002年颁布的《环境影响评价法》将环境影响评价制度上升到了法律地位。2003年公布实施的《排污费征收使用管理条例》和2007年公布实施的《政府信息公开条例》显著地增加了政府的监督核查力度和处罚力度，也推动了公众参与环境管理和环境决策的发展。

五、从严治理阶段

2011～2020年是我国“十二五”和“十三五”规划期间，也是我国追求提升环境管理质量的从严治理阶段。2013年党的十八大报告提出“坚持节约优先、保护优先、自然恢复为主”的方针，该方针明确了环保优先的理念，将环境保护放在了更加突出和重要的位置。2014年新修订了《环境保护法》，标志着环境保护的立法和执法取得明显进展，该部法律也被称为“史上最严的环保法”。为了加强与新《环境保护法》的衔接，2016 年 12 月 25 日通过了《环境保护税法》(2018 年 1 月 1 日起实施)，并结合实际对部分相关环保法律进行修订、修改，如《大气污染防治法》(2015 年修订)、《环境影响评价法》(2016 年修改) 等。2017 年 2 月公布了《关于划定并严守生态保护红线的若干意见》，明确指出“生态保护红线”是保障和维护国家生态安全的底线和生命线。2017 年 10 月 18 日党的十九大报告指出“坚持节约资源和保护环境的基本国策，像对待生命一样对待生态环境，统筹山水林田湖草系统治理，实行最严格的生态环境保护制度”，用了“生命”“最严格”的字眼，进一步建立健全环境保护的法制化管理，反映出政府将加大环境防治制度约束和监管力度，加快环境保护工作的决心。2018 年 3 月 19 日十三届全国人大一次会议将原环境保护部更名为生态环境部，生态环境部整合了环境保护部的全部原有职责和其他 6 个部门的相关职责，表达了政府将环境保护工作落到实处的意图。

从 1979 年颁布第一部《环境保护法》以来，我国环境保护立法工作已经有近 40 年的历史，由图 2－2 可见，我国 1992～2014 年各年累计颁布的环境法规数，整体呈直线上升趋势，充分体现了国家将环境保护工作进行到底的决心。

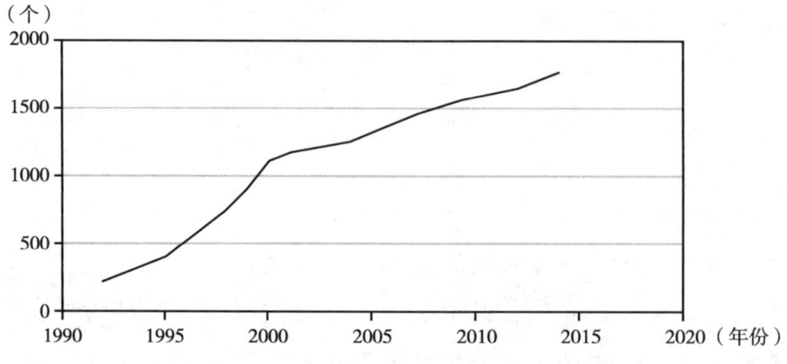

图 2－2　1992～2014 年我国各年累计颁布的环境法规数

资料来源：《中国环境年鉴》。

第二节　中国环境保护财税制度

环境保护财税制度是指通过税收、价格、收费等经济手段调节或影响市场主体行为。具体包括：中央财政环保专项资金援助制度、环境保护税收制度、环境保护排污收费制度和环境保护优惠制度。环境保护财税制度具有降低环境保护成本、扩大财政收入、提高行政效率、提高公众环保意识和弥补环境规制缺陷等方面优势。

一、中央财政环境保护专项资金制度

中央财政环境保护专项资金[①]是中央政府通过国家直接拨款、财政补贴、财政贴息、银行贷款、以奖代补等手段引导地方政府、企业和社会环境保护投资的环境保护专项财政资金。中央财政环境保护专项资金主要包括节能减排专项资金、可再生能源发展专项资金、清洁生产专项资金和污染物防治专项资金。

（一）节能减排专项资金

2007 年财政部设立节能技术改造财政奖励资金，专项资金用于电力、造纸、玻璃、炼钢等 13 个行业淘汰落后产能的相关支出。同年，财政部设立中央财政主要污染物减排专项资金，用于支持中央环保部门推进的主要污染物减排指标、检测和核体系建设，以及用于对主要污染物减排取得突出成绩的企业和地区的奖励。2008 年财政部设立再生节能建筑材料生产利用财政补助资金，用于再生节能建筑材料企业扩大产能贷款贴息、再生节能建筑材料推广利用奖励、相关技

① 相关资料来源于环保部和财政部官方网站。

术标准、规范研究与制定等项目。2009年财政部设立高效节能产品推广财政补助资金，用于高效节能产品推广补助等。2015年财政部设立节能减排补助资金，主要用于支持重点领域、重点行业、重点地区、重点关键节能减排技术示范推广和改造升级等方面项目，主要采用补助、以奖代补、贴息和据实结算等方式。

根据《中国财政统计年鉴》的数据显示，2013~2015年用于节能环保事物的资金支出分别为100.26亿元、344.74亿元和400.41亿元。从以上数据可以发现，中央财政节能环保专项资金呈直线上升趋势，对节能工程的建设、节能产品的推广和淘汰落后产能发挥着积极的作用。通过补助、以奖代补和贷款贴息等方式推动着企业进行燃煤工业锅炉改造、余热利用、余压利用和能量系统优化等节能技术的改造，也支持了企业积极使用节能产品，并对欠发达地区的高耗能、高污染落后产能实行淘汰制。

（二）可再生能源发展专项资金

可再生能源主要包括风能、太阳能、生物质能、海洋能和地热能等。相对于不可再生能源，可再生能源是来自自然界可以循环再生的资源。中央财政环保专项资金推动了可再生能源的技术研发，并支持了企业利用既有条件开发和利用可再生能源。

2006年财政部设立可再生能源发展专项资金，用于扶持石油替代等可再生能源的开发利用以及风能和太阳能等可再生能源的推广应用。2007年财政部设立了生物能源和生物化工发展引导奖励资金、生物能源和生物化工原料基地补助资金和生物燃料乙醇弹性补贴。2008年财政部设立秸秆能源化利用补助资金；2009年财政部设立太阳能光电建筑应用财政补助资金；2011年财政部设立绿色能源示范县建设补助资金；2015年财政部设立可再生能源发展专项资金。根据《中国财政统计年鉴》的数据显示，2013~2015年用于风力、太阳能和生物质能发电的补助资金分别为85.72亿元、401.07亿元和

462.77 亿元，从以上数据可以发现，中央财政可再生能源专项资金呈直线上升趋势，对推动企业利用既有条件开发和利用可再生能源发挥了重要作用。

（三）清洁生产专项资金

根据 2002 年 6 月 29 日颁布的《清洁生产促进法》对清洁生产的定义，清洁生产是指不断采取改进设计、使用清洁的能源和原料、采用先进的工艺技术与设备、改善管理、综合利用等措施，从源头削减污染，提高资源利用效率，减少或者避免生产、服务和产品使用过程中污染物的产生和排放，以减轻或者消除对人类健康和环境的危害。可见，清洁生产对实现环境绩效具有重要意义。

以鼓励中小企业实施清洁生产，提高资源利用效率，减少和避免污染物的产生，促进经济与社会可持续发展为目标，2004 年财政部设立地方清洁生产专项资金，用于支持石化、冶金、轻工等重点行业的中小企业实施清洁生产的专项资金。该项专项资金通过补助的方式对企业生产过程中控制污染物产生、资源综合利用或循环利用、采用环保原材料和清洁或再生能源、生产工艺和设备改造等的清洁生产项目予以支持。清洁生产专项资金推动了企业清洁生产和循环经济发展。

（四）污染物防治专项资金

污染物防治关系着人民群众的身体健康、生态文明建设以及产业转型升级。污染物防治专项资金对改善环境质量、减少污染物排放量具有重要意义。

2009 年财政部设立重金属污染防治专项资金，用于支持污染源综合整治、重金属历史遗留的问题解决、污染修复和重金属监管能力建设类项目，2014 ~ 2015 年分别下发 20 亿元和 28 亿元，用于促进地方重点企业的废水深度治理、尾气烟气尘综合治理等重金属污染治理项目。2013年财政部设立了大气污染防治专项资金，用于支持大气污染防治任务中、社会关注度高地区，2013～2015年分别下发了50亿元、98亿元和106亿元，推进了各地区大气环境质量改善工作。另外，2015财政部设立水污染防治专项资金，用于支持水污染防治和水生态环境保护方面的资金。

（五）矿产资源节约与综合利用专项资金

根据党的十八提出的全面促进资源节约和加强矿产资源保护、合理开发等要求，2013年财政部设立了矿产资源节约与综合利用专项资金，该专项资金主要用于油气及共伴生资源、煤炭及共伴生资源、黑色金属、有色金属、稀有、稀土及贵金属、化工及非金属、铀矿及共伴生资源七个领域的矿产资源综合利用示范基地建设。该项资金重点用于矿山企业对矿产资源综合利用技术工艺研发、设备购置和相关工程建设等方面。该项专项资金对加强我国地方政府的监管力度，推动企业进行资源综合利用技术研发，促进矿山企业转变经营理念，变废为宝，实现资源节约和资源综合利用发挥着重要的作用。

二、环境保护税收制度

庇古的福利经济学理论认为，税收是解决经济活动外部性、实现环境保护的有效方式，能使外部成本内在化，矫正市场对资源的无效配置，提高资源的配置效率。

（一）资源税

自然资源是不可再生的，国家为了利用税收的杠杆效应开始对自然资源开征资源税，以确保自然资源利用与保护的平衡关系。我国资源税肇始于1984年财政部发布的《资源税若干问题的规定》对原油、煤炭和天然气等资源开征资源税。1993年12月国务院发布《资源税暂行条例》，扩大了资源税的征税范围。2011 年 11 月起对资源税的计征方式进行改革，对原油、煤炭和天然气由原来的从量计征转变为从价计征方式。2016 年 7 月 1 日起，进一步扩大了资源税的征收范围，开始了对水资源费征收资源税的试点工作，对矿产资源实施从价计征，形成了从价计征为主，从量计征为辅的计征方式，并调整资源税的税率。2012～2015 年我国征收的资源税分别为 48.61 亿元、45.34 亿元、44.44 亿元和 37.87 亿元。通过实施资源税可以引导企业合理开采、使用、销售资源，资源税减少了资源被无偿使用，提高了资源的综合利用效率。

（二）消费税

消费税具有调节民众消费行为的作用。我国于 1994 年对特定商品开征消费税，对环境产生负外部性的商品征收消费税，来引导消费方向和调节消费结构，如汽油和柴油。2006 年 4 月 1 日我国对消费税进行制度性调整，扩大了消费税的征收范围，增加了对实木地板、木制一次性筷子、航空煤油、石脑油、燃料油、润滑油和溶剂油的征收管理，同时，调整了部分商品的税率，如针对小汽车消费对环境产生污染的问题，按照小汽车排放量的大小征收 5%～20% 不同的税率，以达到限制大排量汽车使用、节约资源和促进环保的目的。2009 年 1 月提高了成品油消费税单位税额，在不提高成品油价格的基础上促进节能减排。为了进一步促进节能环保，2015 年 2 月 1 日起增加了对电池、涂料的征收管理。对环境负外部性商品征收消费税不仅可以为治理环境污染筹集资金，也可以促进产业结构调整和科学技术的进步。

（三）出口退税

出口退税是对出口货物退还或免征在国内征收的增值税和消费税。出口是拉动经济增长的“三驾马车”之一，但是高污染、高耗能的资源性初级产品出口将导致资源的外流。另外，“双高”产品的价格没有反映出环境成本，在很大程度上企业利润是建立在环境破坏的基础上实现的，还有部分产品生产过程中排放的污染物难以治理，如生产重铬酸钠产品过程中能够产生“铬酸钙”，这是一种强致癌物质，具有突出的负环境外部性，但却难以治理。因此，国家通过降低出口退税税率或取消出口退税来引导企业资源节约行为和消费行为，起到控制资源外流的作用和改善出口结构，实现出口贸易的可持续发展。

2007 年 7 月 1 日起实施由财政部、国家税务总局联合发布的《关于调低部分商品出口退税税率的通知》，取消了 687 项产品的出口退税，并调低了 1031 项产品的出口退税税率。2008 年 2 月 6 日原国家环保总局公布了首批 16 种高污染产品，63 种高环境风险产品以及 62 种既为高污染也为高环境风险产品名录，共涉及 6 个行业，对国家严格限制的“双高”产品取消出口退税。

（四）车辆购置税

依据 2001 年 1 月 1 日起实施的《中华人民共和国车辆购置税暂行条例》开征车辆购置税，纳税人购置汽车、摩托车、电车、挂车、农用车均应缴纳车辆购置税。2009 年 12 月 22 日财政部和国家环保总局联合发布《关于减征 1.6 升以下排量乘用车辆购置税的通知》，对 2010 年 1 月 1 日至 12 月 31 日购置 1.6 升以下排量乘用车减按 7.5% 的税率征收车辆购置税；2015 年进一步对购置 1.6 升以下排量乘用车减按 5% 的税率征收车辆购置税。2014 年 8 月 1 日财政部、国家税务总局、工业和信息化部联合发布《关于免征新能源汽车车辆购置税的公告》，对 2014 年 9 月 1 日至 2017 年 12 月 31 日购置的新能源汽车免征车辆购置税。2017 年 12 月 26 日财政部等四部委联合发布《关于免征新能源汽车车辆购置税的公告》（以下简称《公告》），将购置的新能源汽车免征车辆购置税的时限延长至 2020

年 12 月 31 日。该《公告》对推动新能源技术研发和应用发挥了重要作用。

（五）环境保护税

2016 年 12 月 25 日第十二届全国人民代表大会常务委员会第二十五次会议通过了《中华人民共和国环境保护税法》，该法自 2018 年 1 月 1 日起施行，是直接面向环境制造大气污染、水污染、固体废物和噪声四大类型应税污染物的企业事业单位和其他生产经营者征收的环境保护税。依据《环境保护税税目税额表》和《应税污染物和当量值表》，采用从量计征的方式，并按照污染物排放量和噪声的分贝数计算应纳环境保护税额。

环境保护税的实施意味着纳税人对排放的污染物按照“多排多缴，少排少缴”的公平原则缴纳应交环境保护税。环境保护税对调节企业环保行为较为刚性，减少了政府干预，对企业减少污染排放量有积极作用。

三、环境保护排污收费制度

环境保护排污收费是运用经济手段要求污染者承担污染对社会损害的责任，是我国为了促进污染防治的一项重要的经济政策。1982 年 2 月 5 日，国务院发布了《征收排污费暂行办法》（国发〔1982〕21 号文），标志着我国排污收费制度的正式建立。

2003 年对排污收费制度进行了重大改革，自 2003 年 7 月 1 日全面实施国务院发布的《排污费征收使用管理条例》，该条例以实行排污总量收费和排污费收支两条线管理为核心内容，既提高了排污收费标准，也取消原有排污费资金 20% 用于环境保护部门自身建设的相关规定，要求将全部排污收费用于环境保护专项污染防治项目。

自2007年12月1日起正式实施国家环保总局公布的《排污费征收工作稽查办法》，以规范排污费征收行为为重点，为保障排污费依法、全面、足额征收提供了法律依据。根据财政部数据显示，2010年、2011年、2012年、2013年全国排污收费总额分别为188亿元、202亿元、205.32亿元、216.05亿元，从以上数据可知，全国排污收费总额呈直线上升趋势，说明《排污费征收工作稽查办法》的出台加强了排污收费稽查力度。

2011年5月3日，环保部发布《关于应用污染源自动监控数据核定征收排污费有关工作的通知》，要求各省（区、市）环保部门填报国家重点监控企业排污费数据，国家环保部汇总形成季度或年度《国家重点监控企业排污费征收公告》报表，对提高重点污染自动监控能力发挥了重要作用。2014年国家发展和改革委员会、财政部和环境保护部联合发布《关于调整排污费征收标准等有关问题的通知》（发改价格〔2014〕2008号），要求调整废气、污水项目的排污收费标准，加强污染物在线监测和执法力度，促进企业治污减排。

我国实施排污收费制度至今已有36年，对促进企业加强污染治理、减少污染排放，控制环境恶化趋势，提高环保监督管理能力有重要作用。

四、环境保护优惠制度

环境保护优惠制度主要对税收通过免征、减免、抵扣、先征后退、即征即退、税额抵免等方式，引导个人或企业的环保行为，达到节能技术研发、清洁生产、资源综合利用的目的。

（一）个人所得税优惠制度

依据《中华人民共和国个人所得税法》第四条的规定，由省级人民政府、国务院部委和中国人民解放军军以上单位，以及外国组织、国际组织颁发的环境保护等方面的奖金，免纳个人所得税。

（二）企业所得税优惠制度

企业所得税优惠制度是通过免税收入、减计收入、免征企业所得税、减征企业所得税等方式来影响企业环保行为。为了落实资源综合利用企业所得税的优惠制度，财政部、国家税务总局、国家发展和改革委员会联合发布了《节能节水专用设备企业所得税优惠目录》《环境保护专用设备企业所得税优惠目录》《资源综合利用企业所得税优惠目录》，具体而言：

1. 环境保护、节能节水项目

依据《中华人民共和国企业所得税法》第三十四条，以及由财政部、国家税务总局、国家发展和改革委员会联合发布的《环境保护专用设备企业所得税优惠目录》《节能节水专用设备企业所得税优惠目录》，企业自2008年1月1日起购置并使用优惠目录中的环境保护专用设备、节能节水专用设备，可以按专用设备投资额的10%进行企业所得税纳税抵免。2017年9月6日财政部、国家税务总局和环保部等五部委联合发布了最新的《节能节水和环境保护专用设备企业所得税优惠目录（2017年版）》，对企业购置并实际使用优惠目录中的专用设备，仍享受企业所得税抵免优惠政策，并进一步简化了企业纳税申报的行政审批手续。

依据《中华人民共和国企业所得税法》第二十七条，以及由财政部、国家税务总局、国家发展和改革委员会联合发布的《关于公布环境保护节能节水项目企业所得税优惠目录（试行）的通知》，企业从事环境保护和节能节水项目所得，享受“三免三减半”的优惠期限，即第一年至第三年免征企业所得税，第四年至第六年减半征收企业所得税。

2. 节能服务公司合同能源管理项目

依据财政部、国家税务总局发布的《关于促进节能服务产业发展增值税营业税和企业所得税政策问题的通知》，节能服务公司实施合同能源管理项目取得生产经营收入应纳企业所得税享受“三免三减半”优惠政策；与节能服务公司签订符合条件的能源管理合同的用能企业，按照能源管理合同实际交付给节能服务公司的有关的合理支出，均可以在计算当期应纳税所得额时扣除，不再区分服务费用和资产价款进行税务处理；合同期满，节能服务公司提供给用能单位的因实施合同能源管理项目形成的资产，按折旧或摊销期满的资产进行税务处理。

3. 清洁基金收入项目

依据财政部、国家税务总局发布的《关于中国清洁发展机制基金及清洁发展机制项目实施企业有关企业所得税政策问题的通知》，企业自 2007 年 1 月 1 日起对清洁基金取得的相关收入，享受免征企业所得税的优惠政策；清洁发展机制（CDM）项目实施企业按照规定比例上缴给国家的部分，准予在计算应纳税所得额时扣除；企业实施的 CDM 项目的所得，应纳企业所得税享受“三免三减半”优惠政策。

4. 资源综合利用项目

依据《中华人民共和国企业所得税法》第三十三条，以及由财政部、国家税务总局、国家发展和改革委员会联合发布的《关于公布资源综合利用企业所得税优惠目录（2008 年版）的通知》，企业自 2008 年 1 月 1 日起以优惠目录中的资源作为主要原材料生产的产品取得的收入，减按 90% 计入企业当年收入总额。

（三）增值税优惠制度

增值税优惠制度：先征后退、即征即退、免税、抵扣进项税、税额抵免等方式，推动再生资源回收利用、资源综合利用以及促进节能减排。

1. 再生资源项目

依据《中华人民共和国增值税暂行条例》《中华人民共和国增值税暂行条例实施细则》和财政部、国家税务总局发布的《关于再生资源增值税政策的通知》，自 2009 年 1 月 1 日增值税一般纳税人购进再生资源，可以进行进项税额抵扣。在 2010 年年底以前，对增值税一般纳税人销售再生资源的应纳增值税实行按一定比例先征后退的优惠政策。

2. 资源综合利用项目

2008 年 12 月 9 日财政部发布了《关于资源综合利用及其他产品增值税政策的通知》，对再生水、以废旧轮胎为全部生产原料生产的胶粉、生产原料中掺兑废渣比例不低于 30% 的特定建材产品、翻新轮胎、对污水处理劳务实行免征增值税政策；对部分自产货物实行增值税即征即退的政策，如以工业废气为原料生产的高纯度二氧化碳产品；对部分自产货物实现的增值税实行即征即退 50% 的政策，又如对利用风力生产的电力和对销售自产的综合利用生物柴油实行增值税先征后退政策。

2013 年财政部和国家税务总局联合发布了《关于享受资源综合利用增值税优惠政策的纳税人执行污染物排放标准有关问题的通知》，明确对享受资源综合利用增值税优惠政策的纳税人执行污染物排放标准，对违规排放的纳税人，取消其享受资源综合利用产品和劳务增值税免税和退税的政策资格，且 3 年内不得再次申请该项优惠政策。这项规定体现了税收优惠与环保治理挂钩，对促进企业自主环保减排和实现环境外部成本的内在化有积极作用。

3. 环境保护、节能节水项目

按照 2008 年 9 月 23 日财政部和国家税务总局联合发布的《关于执行环境保护专用设备企业所得税优惠目录 节能节水专用设备企业所得税优惠目录和安全生产专业设备企业所得税优惠目录有关问题的

通知》第二条规定，自 2009 年 1 月 1 日起，纳税人购进并实际使用上述优惠目录中的专用设备并取得增值税专用发票的，可以进行税额抵免。

4. 节能服务公司合同能源管理项目

依据财政部和国家税务总局联合发布的《关于促进节能服务产业发展增值税、营业税和企业所得税政策问题的通知》，自 2011 年 1 月 1 日起节能服务公司将合同能源管理项目中的增值税应税货物转让给用能企业，可以享受免征增值税的优惠政策。

5. 光伏发电项目

依据财政部和国家税务总局联合发布的《关于光伏发电增值税政策的通知》，自 2013 年 10 月 1 日至 2015 年 12 月 31 日，对纳税人销售自产的利用太阳能生产的电力产品，实行增值税即征即退 50% 的政策。

（四）车船税优惠制度

依据财政部、国家税务总局、工业和信息化部联合发布的《关于节约能源使用新能源车船车船税优惠政策的通知》，自 2015 年 5 月对纯电动乘用车和燃料电池乘用车统一不征车船税。对列入《享受车船税减免优惠的节约能源使用新能源汽车车型目录（第三批）》的节约能源汽车，减半征收车船税；对目录中的新能源汽车进行使用的，免征车船税。

（五）其他优惠制度

依据《中华人民共和国环境保护税法》，自 2018 年 1 月 1 日起对纳税人排放的应税大气污染物或水污染物的浓度值低于国家和地方排放标准的 30%，可以减按 75% 缴纳环境保护税；若低于国家和地方排放标准的 50%，则可以减按 50% 缴纳环境保护税。《环境保护税法》的优惠政策对行业技术进步和长期发展有促进作用，同时促进拥有先进技术的企业在污染第三方治理中的优势。

第三节　环境信息披露制度

环境信息是利益相关者参与环境管理，评价环境保护部门行政作为、监督企业环境污染行为的重要基础，环境信息公开有效约束了企业污染行为。环境信息制度不断完善，从政府环境信息制度的建立到上市公司、企业事业单位环境信息制度的建立，体现了我国以环境信息助力利益相关者参与的决心，制度的建立为利益相关者参与环境管理提供了平台。

一、政府环境信息披露制度

环境污染治理不是一个单纯的专业问题，而是一个传统经济增长模式及因此形成的利益格局进行调整的问题，因此需要利益相关者对环境问题的广泛参与。切实保障利益相关者的知情权、表达权、参与权、监督权，其中重要一环就是环境信息，环境信息是利益相关者履行《宪法》赋予其权利对企业污染防治行为监督的基础。2007 年 1 月 17 日国务院第 165 次常务会议通过了《中华人民共和国政府信息公开条例》，明确要求县级以上各级政府及其部门重点公开环境保护督察等多方面信息。同年 4 月 11 日，环境保护总局发布了《环境信息公开办法（试行）》，这是为了推进利益相关者参与环境污染减排工作的第一部有关环境信息公开的规范性文件。《政府信息公开条例》和《环境信息公开办法（试行）》的实施为利益相关者参与污染防治工作提供平台，标志着政府信息公开成为建设阳光政府和服务型政府的一项基本制度。

《环境信息公开办法（试行）》于2008年5月1日起正式实施，对环境保护行政主管部门、“双超”企业和其他企业环境信息公开内容、公开方式和奖惩做出了具体规定，为推动公众参与环境污染防治提供信息基础。首先，明确了环境信息公开的主体和范围。将环境保护行政主管部门和“双超”企业作为强制环境信息公开的主体，将一般污染企业作为自愿环境信息公开的主体。要求环境保护行政主管部门公开环境保护法律法规等十七类政府环境信息，以及政府环境信息公开工作年度报告；强制要求“双超”企业公开四大类环境信息，并鼓励一般污染企业资源公开环境信息。其次，规定了环境信息公开的方式和时间。要求环境保护行政主管部门在环境信息形成或变更之日起20个工作日内通过政府网站、公报、新闻发布会以及报纸、广播、电视等便于公众知晓的方式公开，并规定环保部门于每年3月31日前公布本部门的政府环境信息公开工作年度报告；规定“双超”企业在环保部门公布企业名录后30日内在当地主要媒体上公布环境信息并向当地环保部门备案；鼓励自愿公开环境信息的企业通过媒体、互联网等方式，或者通过公布企业年度环境报告的形式向社会公开环境信息。最后，规定了不同环境信息公开主体的责任。对环境部门违规行为由上一级环保部门追究其责任；对“双超”企业的违规行为进行10万元以下罚款，同时对自愿公开环境信息的企业予以相应的奖励。

二、企业环境信息披露制度

企业环境信息是企业以一定形式记录、保存的，与企业经营活动产生环境影响和企业环境行为有关的信息。2007年1月1日中国证监会发布《上市公司信息披露管理办法》，以保护投资者合法利益、提高上市公司质量、促进股市健康发展为目标，强化上市公司信息披露。但是，《上市公司信息披露管理办法》并未对上市公司环境信息披露做出明确规定。2008年5月14日上海证券交易所为了加强上市公司社会责任，发布了《上海证券交易所上市公司环境信息披露指引》（以下简称《指引》）。该《指引》鼓励上市公司披露自身履行环保社会责任的特色做法和取得的成绩。强制要求上市公司披露在污染环境防治、保护和提高物种多样性、保护水资源及能源和保证所在区域的适合居住性等促进环境及生态可持续发展方面的工作情况。同时，针对不同类型的企业制定了具体的披露事项，主要包括四大类，第一类是发生了与环境保护相关重大事件的上市公司；第二类是从事火力发电、钢铁、水泥、电解铝、矿产开发等对环境影响较大行业的公司；第三类是被列入环保部门的污染严重企业名单的上市公司；第四类是其他上市公司。

2013年7月30日环保部发布的《国家重点监控企业自行检测及信息公开办法》（以下简称《办法》）是为了规范企业自行检测环境信息公开，进一步推动利益相关者参与环境污染减排的又一部规范性文件。第一，该《办法》进一步扩大了环境信息公开的主体，包括国家重点监控企业、纳入各地年度减排计划且向水体集中直接排放污水的规模化畜禽养殖场（小区）以及其他企业。其中前两个为强制公开自行检测环境信息的主体，其他企业为自愿性公开自行检测环境信息的主体。第二，该《办法》为利益相关者提供了更为动态的环境信息。规定了手工监测数据和自动监测数据需要实时公布监测结果，并于每年一月底前公布上年度自行监测年度报告。第三，该《办法》的惩罚方式更多样化。包括环保部门向社会公布、不予环保上市核查、暂停各类环保专项资金补助、建议金融、保险不予信贷支持或者提高环境污染责任保险费率、建议取消其政府采购资格、暂停其建设项目环境影响评价文件审批、暂停发放排污许可证，对企业而言，这些惩罚方式将比罚款带来的压力更大。

2014年12月19日环保部发布了自2015年1月1日起实施的《企业事业单位环境信息公开办法》，以重点排污单位（含重点监控企业）为对象，其中重点排污单位是指由设区的市级人民政府环保主管部门于每年3月公布的纳入重点排污单位名录中的企业事业单位。《企业事业单位环境信息公开办法》进一步扩大了环境信息公开的主体，原有规定仅对“双超”企业强制公开排污信息提出要求，而对其他重点排污单位但不属于“双超”的企业没有纳入主体范围。要求环境信息公开主体在名录公布后90日内公开环境信息基础信息、排污信息、防治污染设施的建设和运行情况、建设项目环境影响评价及其他环境保护行政许可情况、突发环境事件应急预案和其他应当公开的环境信息，也鼓励重点排污单位之外的企业事业单位自愿公布环境信息。对不按规定公开环境信息的企业事业单位处以3万元以下的罚款，但《企业事业单位环境信息公开办法》中明确了“法律法规有规定的，从其规定”。因此，如果《清洁生产促进法》中有规定按照10万元以下罚款的规定，则按其规定。

第四节　其他相关制度

除前述环境保护财税制度、环境信息披露制度外，还有部分制度以督促企业认真执行国家环境保护法律法规和政策为目的，为进一步加强企业内部环境管理和环境风险防范工作，以求企业以内外部环境为契机，从内容到形式全面梳理企业环境保护的内部控制制度体系，整理企业环境保护的薄弱环节，从而实现企业以环境保护为目的的管理行为和经济行为。具体包括环境保护核查制度、企业内部管理和控制制度、企业社会责任指引、绿色供应链管理制度。

一、环境保护核查制度

为了促进上市公司环保行为，提高上市公司的环保水平，2003

年环保部发布了《关于对上市的企业和申请再融资的上市企业进行环境保护核查的通知》，各地环保部门开展了对重污染行业的环保核查工作。为了加强对上市公司环保核查工作进行分级管理，2007 年下半年环保部又发布了《关于进一步规范重污染行业生产经营公司申请上市或再融资环境保护核查工作的通知》，通知从发布到2008 年 2 月 25 日已经完成了对 37 家公司的上市环保核查，阻止了环保不达标企业通过股市募集资金数百亿元。2008 年 2 月 22 日国家环境保护总局发布《关于加强上市公司环境保护监督管理工作的指导意见》，这是为了进一步引导上市企业积极环保行为的文件，对上市公司建立环境信息披露机制有促进作用。根据环保部数据，“十一五”以来，首次审核未通过的拟上市企业比例达到 50% 。

2010 年 7 月 8 日环保部发布《关于进一步严格上市环保核查管理制度加强上市公司环保核查后督查工作的通知》，要求上市企业在一年内没有任何重大环境违法行为才能递交上市环保核查申请，对上市企业主动采取降低环境负荷的措施有积极的作用。2012 年 10 月 8 日又发布了《关于进一步优化调整上市环保核查制度的通知》，以强化上市公司环境主体责任，全面推进环境保护信息公开为主要目的。对公司计划上市和再融资，首次上市并发行股票的公司，实施重大资产重组的公司，未经过上市环保核查需再融资的上市公司，已经上市环保核查仅再融资的上市公司，以及获得上市环保核查意见后一年内再次申请上市环保核查的公司的核查内容做出了详细规定。

为贯彻落实十八届三中全会精神，简政放权，转变政府职能，2014 年 10 月 19 日环保部发布《关于改革调整上市环保核查工作制度的通知》，要求地方各级环保部门停止受理及开展上市环保核查工作，减少对企业上市、融资的影响。自 2003 年开始对上市公司进行环保核查到 2014 年取消环保核查，经历整整 11 年的环保核查工作，这期间增加了中国资本市场环境准入门槛，约束了“双高”企业或利用投资者资金扩大污染的行为，降低了我国的资本风险，也促进了企业环境内部控制制度的建立和环境信息披露制度的发展。

二、企业内部管理和控制制度

自2006年环境部组织开展重点行业企业环境监督员制度试点工作以来，2008年环保部发布了《关于深化企业环境监督员制度试点工作的通知》，并编制了《企业环境监督员制度建设指南（暂行）》，将试点范围进一步扩大到国家重点监控污染企业。要求试点企业提高企业环境管理人员的素质和水平，建立企业环境管理组织架构，建立健全企业环境管理台账和资料，建立和完善企业内部环境管理制度。该指南规范了企业环境管理体制与机制建设，加强了企业环境管理内部控制制度建设。

2010年4月15日财政部、证监会、审计署、银监会、保监会联合发布了《关于印发企业内部控制配套指引的通知》，其中第4号第四章中明确指出企业需要履行环境保护和资源节约等社会责任，应当按照相关规定，并结合企业实际情况，建立环境保护和资源节约制度，保障企业节能减排责任落实，提高员工的环境保护和资源节约意识，加大环境保护工作的人、财、物的投入，实现清洁生产，转变发展方向以及建立环境保护和资源节约的监督制度。《企业内部控制评价指引》中第四章的内部控制缺陷是指设计缺陷和运行缺陷。若企业内部控制未将环境保护责任纳入，则属于设计缺陷；在内部控制制度运行过程中出现环境事故或环境污染事件属于重大缺陷或重要缺陷。《企业内部控制审计指引》指出注册会计师应对企业内部控制缺陷进行评价和识别，形成对内部控制的有效性意见，并出具内部控制审计报告。

《企业内部控制基本规范》和配套指引促进了企业建立、实施和评价环境保护内部控制，降低了企业环境保护风险。2012年1月1

日起在上海证券交易所、深圳证券交易所主板上市公司全面施行《企业内部控制基本规范》，建立、实施和评价内部控制。要求企业以此为契机从内容到形式全面梳理公司内部控制体系，整改薄弱环节，建立健全企业内部控制体系，保障企业内部控制目标的实现。在环境保护方面，要求企业建立和完善与环境保护和资源节约相关的内部控制制度。

三、企业社会责任指引

2006 年 9 月深圳证券交易所发布了《深圳证券交易所上市公司社会责任指引》，要求上市公司对自然环境和资源承担相应责任，制订整体环保政策、指派具体人员负责公司环境保护事宜，为推进环境保护工作给予必要的人、财、物和技术支持。2008 年 5 月上海证券交易所发布《关于加强上市公司社会责任承担工作暨〈上海证券交易所上市公司环境信息披露指引〉的通知》，要求上市公司对环境保护和资源利用做出非商业贡献，并根据上市公司自身特征制订与资源利用和环境保护技术投入和研发投入相关的社会责任战略。深圳证券交易所和上海证券交易所发布的社会责任管理文件，明确了上市公司在环境保护方面的社会责任，为进一步推动上市公司建立健全与环境保护相关的内部控制制度和内部治理机制，促进上市公司环保投资，实现绿色证券发挥着重要作用。

为了全面贯彻党的十七大精神，推进企业与社会和环境的全面协调可持续发展工作，2008 年 1 月国资委发布了《关于中央企业履行社会责任的指导意见》的通知，其中明确了中央企业应带头进行节约资源和保护环境的总体要求，同时强调中央企业应增加环保投资、实施清洁生产等具体内容。2014 年国资委和环保部联合发布《关于进一步加强中央企业节能减排工作通知》，要求加快建设治污设施，加快科技创新投入，建立健全管理机构和完善考核奖励制度。相关制度对增强中央企业环保责任意识，推进中央企业履行环保责任，加强中央企业环境保护内部控制制度建设，发挥中央企业带头作用具有重要意义。

四、绿色供应链管理制度

2014 年 4 月 24 日新修订的《环境保护法》对企业环境责任做出明确规定，目的在于提高企业的环境管理水平，通过实施绿色采购，倒逼企业实现绿色生产，从而实现全社会的绿色消费。2014 年 8 月商务部、中宣部、国家发展和改革委员会联合下发了《关于组织开展低碳节能绿色流通行动的通知》，同年 9 月商务部又发布了《关于大力发展绿色流通的指导意见》，流通联接着生产和消费，推动流动企业低碳节能绿色流动，有助于推动绿色生产和绿色消费。2014 年 12 月商务部、环境保护部、工业和信息化部联合发布《企业绿色采购指南（试行）》，该指南强调了生产者的环保法律责任，明确了绿色采购理念和绿色采购指导原则，为推进企业全过程绿色采购提供制度保障。上述文件对企业间达成环保节能共识，促进绿色采购、绿色生产和绿色消费，引导和推动企业间形成绿色采购链发挥重要作用，也为企业形成绿色供应链管理制度提供了依据。

第三章　企业环保投资的界定与发展现状

第一节　企业环保投资的界定与分类

一、企业环保投资的界定

目前，我国仍然未对企业环保投资进行统一界定，概念的不规范和不统一，造成了难以与国际接轨、难以核算的现状。根据现有文献，对企业环保投资主要有以下两种具有代表性的核算方法。

第一种核算方法，直接采用《社会责任报告》《环境报告书》《可持续发展报告》中披露的环保投资总额（马珩等，2016；张功富，2013），或在《社会责任报告》《环境报告书》《可持续发展报告》中披露的环保投资总额，并进一步细分。例如，唐国平和李龙会（2013）将环保投资总额细分为环保技术的研发与改造支出、环保设施及系统的投入与改造支出、污染治理支出、清洁生产支出、环境税费、生态保护支出和其他七大类，其中，其他是企业间接参与环境保护而发生的支出，如参与开发新能源、向环保基金会捐款、投资环境公司等。又如李虹等（2016）在环保投资总额的基础上细分为环保、节能技术的研发与改造支出，环保、节能设施的投入与维护支出，清洁生产支出，绿化等生态保护支出以及其他与环保有关的事项五大类。

由于企业环保投资概念不清，造成企业环保投资的统计范围不一致和统计范围的边界条件不规范的问题。例如，企业绿化支出是否纳入企业环保投资口径，有些企业将其纳入环境保护费用化项目，有些企业将其纳入环境保护资本化项目，有些企业认为这不属于环境保护项目，而是属于一般性管理支出。可见，企业之间对企业环保投资的界定存在较大的差异，致使企业存在自觉或不自觉片面扩大企业环保投资范围、增加企业环保投资绝对额的情况。本书认为采用第一种核算方法将普遍高估企业环保投资规模。

第二种核算方法，采用内容分析法定量分析，按 0 ~ 3 分赋值，对无投资、投资较少、投资中等、投资充分打分，内容包括环境整体管理投资，污染投资，节能、节水投资，气候变化投资（张济建等，2016）。这一种核算方法能够避免企业环保投资的异常值以及资本化和费用化支出无法区分的局限性，有效反映企业环保投资额的变化趋势。但是，这种核算方法也存在较大的主观性：一是投资较少、投资中等、投资充分如何划分；二是划分的内容是否能够覆盖企业环保投资的全部项目。因此，本书认为第二种核算方法将普遍低估企业环保投资规模。

本书认为若要较好地衡量企业环保投资额，首先需要按照一定的原则界定企业环保投资的定义。

（一）企业环保投资的界定原则

1. 主要目的性原则

毫无疑问，企业环保投资是以环境保护为主要目的的投资活动。环境保护的表现形式：其一，治污投资。具体包括对废水、废气、废渣污染物排放量的处理，噪声污染的处理，土壤污染的处理，以及为了实现污染物治理而购置的设备、系统和技术研发。其二，防污投资。具体包括使用环保原材料，研发环保产品，环保技术和工艺的开发，清洁生产等。但是，企业的投资活动主要目的不是为了环境保护，而是为了满足安全需要、内部卫生需要等进行的投资活动，其结果在一定程度上表现为环境保护，此类活动被称为环境受益活动（吴舜泽等，2015），按照主要目的性原则排除在企业环保投资之外，最为典型的是企业安全防治活动。

2. 资本化原则

企业环保投资主要是以环境保护为主要目的在防污治污设施、设备、系统、技术上的投资，一般当期的企业环保投资使企业在以后各期受益，应按资本化原则，将符合资本化的研发支出、在建工程、固定资产纳入企业环保投资范畴，而费用化项目不应纳入企业环保投资范畴。环保投资与环保支出是不同的，环保支出是生产经营过程中为获得另一项资产、为清偿债务所发生的资产流出，主要表现为环境管理费用、排污超标罚款等，这些项目一般计入管理费用或其他营业外支出项目。

（二）企业环保投资的统计原则

1. 确定性原则

在对企业环保投资进行统计过程中，会遇到某些活动较难区分是以经济发展为主要目的同时带有环境保护效果，还是以环境保护为主要目的同时带有经济利益。对于上述问题，秉持保守方式，既不采用直接纳入的方式处理，也不采用直接删除的方式处理，而是将此类活动分不同情况区别对待，如果能够区分该活动的主要目的是环境保护则将其纳入企业环保投资统计范围，使统计中的确定性原则与主要目的性原则保持一致。

2. 一致性原则

一致性原则是指对于同一类项目投资，不应该存在因统计对象不同，而致使该类项目在某些企业中纳入环保投资统计范围，而在另一些企业未纳入环保投资统计范围的情况。例如，根据主要目的性原则确定脱硫项目属于企业环保投资统计范围，则不应该出现部分企业将脱硫项目的金额纳入环保投资总额中，部分企业未将脱硫项目金额纳入环保投资总额的情况。

（三）企业环保投资的定义与结构

一方面，企业环保投资作为一种投资行为，一定是在未来某个时期能够带给企业收益，这里的收益不是指直接利润，而是指环境绩效和经济绩效。其中，环境绩效是企业环保投资收益的主要表现形式，通过进行环保投资企业实现节能减排，消除或减少了污染物排放量。

经济绩效既包括直接经济绩效的提高，也包括间接经济绩效的提高，直接经济绩效主要表现在遵守环境规制减少环境合规性成本、销售绿色产品所获得的收益等；间接经济绩效主要表现为提高客户的忠诚度和满意度，提升企业绿色竞争优势，获得绿色声誉等。另一方面，企业环保投资是向一定对象投放资金，具体包括以环保为主要目的而进行的新增项目投资或改善原有生产方式而进行的更新改造投资。

基于以上分析，本书将企业环保投资定义为：以环境保护为主要目的，能在未来可预见的时期内给企业带来收益而向新增项目或更新改造项目投放足够数额的资金或实物货币等价物的经济行为。

根据界定原则和统计原则，将企业环保投资结构分为五大类，具体包括：

第一类，环保产品及技术研发与改造投资；

第二类，环保设施及系统购置与改造投资；

第三类，清洁生产类投资；

第四类，污染治理技术研发与改造投资；

第五类，污染治理设备及系统购置与改造投资。

但是，需要说明的是，下列项目不应纳入企业环保投资核算范围：第一，企业进行环境保护而发生的其他相关支出不包括在内，如环保监察费、环保设计费、环评和能评费、厂部绿化费、环保教育及培训费用、环境管理费用等；第二，间接性支出项目不包括在内，如捐赠绿色基金费；第三，已经费用化的支出项目不包括在内，如编制社会责任报告（环境报告）的费用、环境税费、排污费等。

二、企业环保投资的分类

（一）企业环保投资分类的理论依据

制度战略观认为企业战略选择不仅受到产业条件和企业拥有的特殊资源驱动（Barney，1991），同时正式和非正式的制度约束对组织的交互作用直接影响着企业的战略选择（Oliver，1997；Scott，1995）。

根据企业应对环境问题的实践来区分企业的战略（张刚和张小军，2011），当企业将制度约束解读为正式的制度约束时，企业为了降低违规成本、环境处罚和罚金，将选择遵守环境规制的战略，但这样的企业战略是对环境规制强制性要求做出的反应性行为，主要表现为对污染排放物的治理行为。

当企业将制度约束解读为正式和非正式制度约束时，企业将从依法污染治理的低级环境实践转化为较主动的污染预防性的高级环境实践，从而不仅实现合法性要求，也提高了企业绿色核心竞争力，主要表现为技术、工艺、生产过程等方面的节能减排和环境友好型产品研发行为。

因此，可以将企业环保投资根据企业应对环境问题的实践战略，将其区分为企业前瞻性环保投资和企业治理性环保投资。

（二）企业环保投资分类的内容特征

1. 预防性特征

预防性是指在污染物没有发生之前，企业就采取积极的投资行为，使污染排放物减少、消除，或者达到节能降耗的目的。本书将企业环保投资分为五大类，其中环保产品及技术研发与改造投资和环保设施及系统购置与改造投资具有较为明显的预防性特征，均能从源头出发实现节能减排的环境保护目的。

根据2002年6月29日颁布的《清洁生产促进法》对清洁生产的定义，清洁生产是指不断采取改进设计、使用清洁的能源和原料、采用先进的工艺技术与设备、改善管理、综合利用等措施，从源头削减污染，提高资源利用效率，减少或者避免生产、服务和产品使用过程中污染物的产生和排放，以减轻或者消除对人类健康和环境的危害。从该定义可知，清洁生产是以环境保护为主要目的，从源头削减污染，具有预防性特征。

本书认为企业前瞻性环保投资具有预防性特征，包括企业从源头上避免或减少污染物产生而进行的更新改造投资，也包括为了降低对环境影响而发生的新增投资，其目的在于真实反映出企业为了满足多样化的环境保护要求而进行的投资。

2. 滞后性特征

滞后性是指污染物已经产生，企业针对已产生污染物进行事后处理，使最终污染排放量减少或资源综合利用，相对于事前预防而言具有一定的滞后性。

企业治理性环保投资具有滞后性特征，主要针对企业排放的废水、废气、废渣等进行的污染源治理性投资，同时也包括企业为了实施废物回收、封存、再利用、综合整治而发生的投资。

本书根据制度战略观和内容特征，将企业环保投资细分为两大类，即企业前瞻性环保投资和企业治理性环保投资。其中，企业前瞻性环保投资具有预防性特征，包括环保产品与环保技术的研发与改造投资，环保设施及系统购置与改造投资以及清洁生产类投资三大类；企业治理性环保投资具有滞后性特征，包括污染治理技术研发与改造投资，以及污染治理设备及系统购置与改造投资两大类。

第二节　企业环保投资的发展现状分析

一、样本选取与数据来源

自2007年1月1日中国证监会发布《上市公司信息披露管理办法》以来，越来越多的上市公司在年度财务报告和社会责任报告书中披露与企业环境保护行为有关的信息。本节按主要目的性原则和资本化原则，并利用2007~2016年上市公司数据：首先，按关键字收集上市公司环保投资数据，主要包括“环保”“生态”“绿色”“节能”“新能源”“再生”“清洁生产”“除尘”“降噪”“废水”“污染”等与环境污染预防和治理相关的关键词，关键词覆盖技术、产品、工艺、设备、系统、治理等方面。其次，搜索这些词的变体，例如“再生”的变体为“可再生”，“环保”的变体为“环境保护”，“除尘”的变体为“降尘”“抑尘”“无尘”“收尘”等。最后，检查这些关键词在上下文的描述，按照确定性原则和一致性原则删除与环境保护行为无关的项目，如“厂区绿化”等，经过逐一检查核对，保留相关项目，删除无关项目。

同时，对披露企业环保投资数据的上市公司进行如下筛选：(1) 剔除 ST、PT 的样本公司；(2) 剔除金融类的样本公司；(3) 剔除变量指标缺失的样本公司；(4) 剔除西藏的样本公司，由于该地区部分指标缺失。经过筛选，本节最终获得 2445 个企业前瞻性环保投资样本数，2534 个企业治理性环保投资样本数。由于部分企业既进行了企业前瞻性环保投资，又进行了企业治理性环保投资，对这一部分企业环保投资进行合并计算，如代码为 000012 的公司 2009 年新增企业前瞻性环保投资额为 124714979 元，当年新增企业治理性环保投资额为 27741770 元，那么该企业当年新增环保投资额为 124714979 + 27741770 = 152456749 元。因此，单维构念下的企业环保投资样本数要少于多维构念下的样本数，经过合并计算后共收集 4370 个企业环保投资样本数。

本章的数据来源途径如下：(1) 企业环保投资数据来源于 CSMAR 数据库；(2) 环境管制强度数据来源于《中国环境年鉴》；(3) 人均 GDP 数据来源于《中国统计年鉴》；(4) 企业生命周期和产权性质的数据来源于 Wind 数据库；(5) 其他研究变量来源于 Wind 数据库。为了克服异常值对研究结论的影响，对连续变量在 1% 与 99% 分位数上进行 Winsorize 处理，所有数据处理软件为 Stata 13.0。

二、企业环保投资的分类特征

如表3-1和图3-1所示，2007~2016年企业环保投资的样本数量除2014年有所下降外，其他各年样本数量呈大幅度上升趋势，2016年企业环保投资的样本数量是2007年的2.30倍。其中，企业前瞻性环保投资样本数量的增长幅度大于企业治理性环保投资样本数量的增长幅度。以2011年为分界点，2011年之前，企业治理性环保投资的样本数量大于企业前瞻性环保投资的样本数量，2011年之后（含2012年）企业治理性环保投资的样本数量小于企业前瞻性环保投资的样本数量。上述结果的主要原因可能是2011年为我国“十二五”计划的开局之年，国家环境保护“十二五”规划明确提出了“预防为主，防治结合”的基本原则，以及“到2015年，主要污染排放总量显著减少”的主要目标，国家环境保护规划目标为企业实现节能减排，加快淘汰落后产能，推进清洁生产和循环经济发展提供了指导思想。

表3-1　2007~2016年企业环保投资的分类与样本分布情况

项目	企业环保投资		企业前瞻性环保投资		企业治理性环保投资	
年份	N	占比	N	占比	N	占比
2007	269	6.16%	97	3.97%	209	8.24%
2008	317	7.25%	135	5.52%	238	9.38%
2009	311	7.12%	156	6.38%	206	8.12%
2010	396	9.06%	213	8.71%	238	9.38%
2011	462	10.57%	258	10.55%	268	10.57%
2012	477	10.92%	286	11.70%	260	10.25%
2013	501	11.46%	300	12.27%	276	10.88%
2014	476	10.89%	300	12.27%	235	9.27%
2015	542	12.40%	329	13.46%	275	10.84%
2016	619	14.16%	371	15.17%	329	12.97%
合计	4370	100.00%	2445	100.00%	2534	100.00%

注：表中2007~2016年的占比为各年的样本量与全部样本总量的比例。

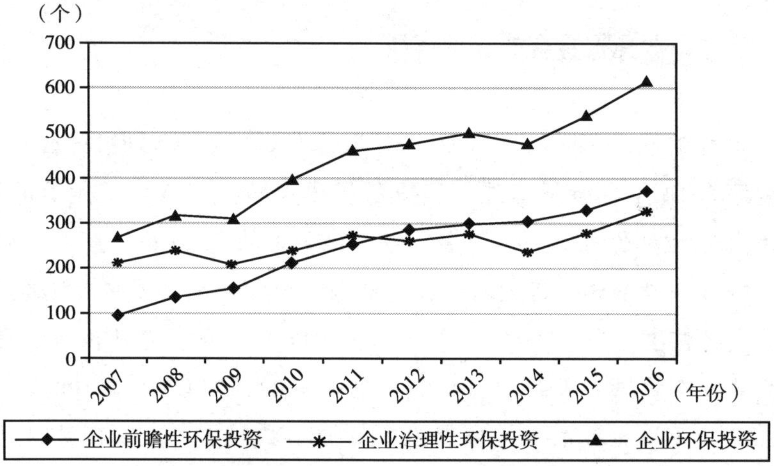

图 3-1　2007～2016 年企业环保投资的构成与样本分布趋势图

如表 3-2 所示，企业环保投资的规模最大值与最小值差距较大，均值大于中位数，说明过半数企业的环保投资规模低于平均水平。企业前瞻性环保投资的样本数量为 2445 个，少于企业治理性环保投资的样本数量（2534 个）。但是，企业前瞻性环保投资规模的均值 0.02930 大于企业治理性环保投资规模的均值 0.00975。两类企业环保投资规模的最大值与最小值之间的差距均较大，特别是企业前瞻性环保投资规模的最大值 15.92427 和最小值 0.00000 的差距更为突出。企业不同类型环保投资规模的均值都小于对应中位数，说明我国企业不同类型环保投资规模存在普遍偏低的现状。

表 3-2　　企业环保投资分类的规模描述性统计结果

项目	N	均值	标准差	最大值	最小值	中位数
企业环保投资	4370	0.02205	0.28462	18.62077	0.00000	0.00366
企业前瞻性环保投资	2445	0.02930	0.32534	15.92427	0.00000	0.00495
企业治理性环保投资	2534	0.00975	0.05961	2.69650	0.00000	0.00194

三、企业环保投资的分布特征

（一）企业环保投资所属行业分布特征

《国家环境保护“十一五”规划》提出“因地制宜，分区规划”的原则，《国家环境保护“十二五”规划》进一步提出“因地制宜，在不同地区和行业实施有差别的环境政策”的原则，差别化政策对企业环保投资行为将产生重要影响。

如表3－3所示，从各行业企业进行环保投资的数量上来看，制造业比非制造业企业的样本数量多，制造业企业数量与非制造业企业数量差距由2007年的1倍逐渐扩大到2016年的2.70倍，该数据说明制造业企业是环保投资的“主力军”。另外，2007～2014年重污染行业比非重污染行业企业的样本数量多，2015～2016年重污染行业比非重污染行业企业的样本数量少。非重污染行业企业的数量从2007年的106家增加到2016年的321家，增长率为202.83%，远高于重污染行业企业的数量增长率82.8%，可见，在样本数量上，非重污染行业企业缩小了与重污染行业企业的差距。

表3－3　2007～2016年企业环保投资样本的行业分布情况

行业	2007年	2008年	2009年	2010年	2011年	2012年	2013年	2014年	2015年	2016年
非制造业	90	99	94	111	114	133	141	125	140	167
制造业	179	218	217	285	348	344	360	351	402	452
合计	269	317	311	396	462	477	501	476	542	619
非重污染行业	106	125	126	189	227	247	257	234	272	321
重污染行业	163	192	185	207	235	230	244	242	270	298
合计	269	317	311	396	462	477	501	476	542	619

从表 3 -4 我们可以发现，整体而言，制造业进行环保投资的企业数量是非制造业企业数量的 2.60 倍，非制造业企业环保投资规模的均值高于制造业企业环保投资规模均值，但是制造业企业和非制造业企业的环保投资规模的中位数都小于均值，说明过半数企业环保投资规模低于平均水平。此外，重污染行业进行环保投资的企业数量多于非重污染行业企业数量，非重污染行业企业环保投资规模的均值大于重污染行业企业环保投资规模的均值，但无论是非重污染行业还是重污染行业的企业环保投资规模中位数都小于均值，说明各类行业的大多数企业环保投资规模都低于平均水平。

表 3 -4　　企业环保投资规模的行业分布情况

行业	N	均值	标准差	最大值	最小值	中位数
非制造业	1214	0.03334	0.53592	18.62077	0.00000	0.00363
制造业	3156	0.01771	0.04107	0.71817	0.00000	0.00367
非重污染行业	2104	0.02973	0.40841	18.62077	0.00000	0.00311
重污染行业	2266	0.01492	0.03580	0.79099	0.00000	0.00401

从表 3 -5 和表 3 -6 我们可以发现，无论是制造业和非制造业还是重污染行业和非重污染行业，企业前瞻性环保投资规模的均值和中位数都大于企业治理性环保投资规模的均值和中位数。但各行业企业不同类型环保投资规模均值大于对应的中位数，说明我国各行业企业前瞻性环保投资规模和企业治理性环保投资规模存在普遍偏低的现状。另外，从企业数量上看，在非制造业中进行前瞻性环保投资的企业数量少于进行治理性环保投资的企业数量，但在制造业中进行前瞻性环保投资的企业数量多于治理性环保投资的企业数量，说明较多的制造业企业进行了前瞻性环保投资。在前瞻性环保投资的企业中，有大约 1/2 的重污染行业企业；在治理性环保投资的企业中，有大约 2/3 的重污染行业企业，说明更多的重污染行业企业进行了治理性环保投资。

表3－5　　企业前瞻性环保投资规模的行业分布情况

行业分类	N	均值	标准差	最大值	最小值	中位数
非制造业	626	0.04713	0.63819	15.92427	0.00000	0.00414
制造业	1819	0.02317	0.04612	0.56804	0.00000	0.00525
非重污染行业	1326	0.03740	0.43970	15.92427	0.00000	0.00533
重污染行业	1119	0.01971	0.04557	0.79099	0.00000	0.00458

表3－6　　企业治理性环保投资规模的行业分布情况

行业	N	均值	标准差	最大值	最小值	中位数
非制造业	784	0.01398	0.09915	2.69650	0.00000	0.00210
制造业	1750	0.00785	0.02710	0.71817	0.00000	0.00189
非重污染行业	946	0.01364	0.09478	2.69650	0.00000	0.00128
重污染行业	1588	0.00743	0.01757	0.32760	0.00000	0.00236

从表3－7的非参数检验结果可以发现，企业前瞻性环保投资规模在制造业和非制造业行业之间存在显著差异，但是从M－W检验结果来看，企业治理性环保投资规模在制造业和非制造业行业之间没有显著差异。企业前瞻性环保投资规模在重污染行业和非重污染行业之间没有显著差异，而企业治理性环保投资规模在重污染行业和非重污染行业之间存在显著差异。上述结果说明企业不同类型环保投资具有显著的行业异质性。

表3－7　不同行业的企业不同类型环保投资规模的非参数检验结果

项目	分组	K－S检验		M－W检验	
企业前瞻性环保投资	非制造业	D值	P值	Z值	P值
	制造业	0.0657	0.0360	－2.4130	0.0158
	非重污染行业	D值	P值	Z值	P值
	重污染行业	0.0472	0.1340	0.7240	0.4692
企业治理性环保投资	非制造业	D值	P值	Z值	P值
	制造业	0.0807	0.0020	1.5420	0.1231
	非重污染行业	D值	P值	Z值	P值
	重污染行业	0.1408	0.0000	－5.0180	0.0000

（二）企业环保投资的所属地区分布特征

1. 地区分布与企业环保投资

由于企业所在地区政府环境规制强度、地区经济发展水平等方面因素的影响，导致企业环保投资行为存在空间异质性。

从表3-8各地区和各区域企业环保投资分布情况可以发现，进行环保投资的企业数量较多的省为江苏省、浙江省和广东省，集中在中国的东部地区。各年东部地区进行环保投资的企业总数量远高于其他三个区域的企业数量，占总样本数量的一半以上。

表3-8　2007~2016年各地区和各区域进行环保投资的上市公司数量分布情况

单位：家

区域	地区	2007年	2008年	2009年	2010年	2011年	2012年	2013年	2014年	2015年	2016年
东部地区	北京	15	17	16	20	28	32	30	30	39	47
	天津	5	4	4	6	3	4	5	6	6	9
	河北	10	13	13	13	11	13	13	14	16	17
	上海	13	16	13	17	20	22	23	14	20	27
	江苏	15	19	20	38	53	58	52	59	62	78
	浙江	26	32	31	41	52	53	60	64	59	71
	福建	6	8	7	15	13	11	10	15	16	19
	山东	15	23	22	25	26	33	33	29	40	43
	广东	22	30	37	50	61	54	59	50	56	67
	海南	2	2	4	3	1	2	2	3	1	2
中部地区	山西	8	9	9	7	10	7	10	7	9	15
	安徽	8	11	8	11	13	10	15	15	19	20
	江西	11	8	7	8	7	9	11	11	13	14
	河南	14	16	17	21	24	24	25	22	21	19
	湖北	17	14	12	17	16	16	19	17	20	25
	湖南	7	9	10	12	14	17	14	12	17	15

续表

区域	地区	2007年	2008年	2009年	2010年	2011年	2012年	2013年	2014年	2015年	2016年
西部地区	内蒙古	7	8	6	6	8	7	9	9	10	11
	广西	6	4	4	6	7	10	13	9	11	8
	重庆	6	7	4	5	6	9	8	7	7	12
	四川	12	12	13	14	16	11	17	17	19	19
	贵州	0	3	2	4	5	5	4	4	4	3
	云南	5	3	3	6	6	9	10	5	6	9
	陕西	3	2	2	3	6	8	9	2	6	9
	甘肃	6	4	4	7	9	9	5	9	8	9
	青海	0	3	2	1	3	3	4	3	4	4
	宁夏	2	4	4	5	5	5	4	3	5	5
	新疆	10	16	13	15	17	12	12	13	14	15
东北地区	辽宁	7	9	10	8	8	11	12	10	16	12
	吉林	4	4	6	6	7	7	6	9	9	7
	黑龙江	7	7	8	6	7	6	7	6	7	7
	东部地区	129	164	167	228	268	282	287	284	315	380
	中部地区	65	67	63	76	84	83	94	84	99	108
	西部地区	57	66	57	72	88	88	95	83	96	105
	东北地区	18	20	24	20	22	24	25	25	32	26
	合计	269	317	311	396	462	477	501	476	542	619

注：根据《中国环境统计年鉴》中的划分标准划分地区，由于西藏部分数据缺失，因此不含西藏。

如图3－2所示，各地区进行环保投资的企业数量均呈上升趋势，东部地区上升迅猛，中部地区和西部地区的企业数量增速相当，东北地区的企业数量增长最慢，该数据说明东部地区企业环保投资优势明显，中部地区和西部地区企业有较大的发展潜力，东北地区由于受到传统产业影响，实现东北老工业产业转型升级阻力较大。

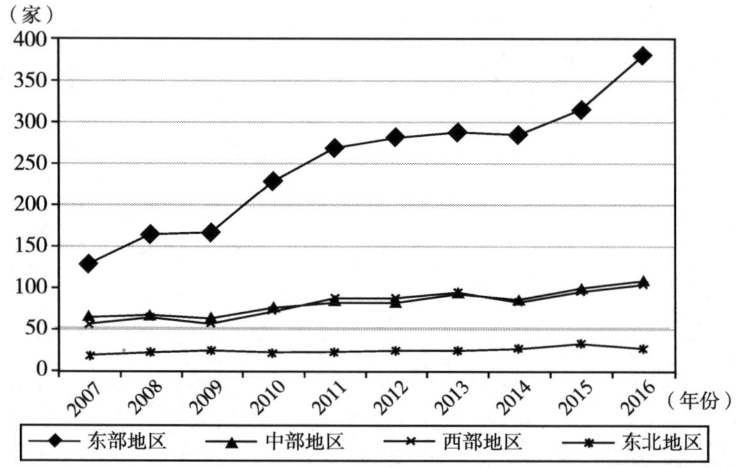

图 3－2 2007～2016 年各区域进行环保投资的上市公司数量发展趋势

如表 3－9 所示，东北地区企业环保投资规模的均值最大，然后依次是东部地区、中部地区和西部地区。各区域企业环保投资规模的均值都高于中位数，说明各区域大多数企业环保投资规模低于平均水平。另外，各区域企业环保投资规模的最大值和最小值差距较大，特别是东北地区，说明企业之间环保投资规模存在较大差异。

表 3－9 企业环保投资规模的区域分布情况

区域	N	均值	标准差	最大值	最小值	中位数
东部地区	2504	0.01914	0.04124	0.51141	0.00000	0.00413
中部地区	823	0.01698	0.04524	0.56804	0.00000	0.00320
西部地区	807	0.01648	0.04799	0.79099	0.00000	0.00303
东北地区	236	0.08962	1.21162	18.62077	0.00000	0.00284

从表 3－10 我们可以发现，第一，除东部地区外，中部地区、西部地区和东北地区的企业前瞻性环保投资样本数量均少于企业治理性环保投资的样本数量；第二，各区域企业前瞻性环保投资规模的均值都大于对应的企业治理性环保投资规模的均值；第三，企业前瞻性环保投资规模的均值在不同区域之间差异大于企业治理性环保投资规模

的均值在不同区域之间差异；第四，无论是企业前瞻性环保投资规模还是企业治理性环保投资规模，均值都大于对应中位数，说明各区域企业的不同类型环保投资规模存在普遍偏低的现状。

表 3-10　　企业不同类型环保投资规模的区域分布情况

分类	区域	N	均值	标准差	最大值	最小值	中位数
企业前瞻性环保投资	东部地区	1500	0.02493	0.04731	0.51141	0.00000	0.00673
	中部地区	466	0.01942	0.05288	0.56804	0.00000	0.00296
	西部地区	377	0.02146	0.05574	0.79099	0.00000	0.00349
	东北地区	102	0.16773	1.57584	15.92427	0.00000	0.00267
企业治理性环保投资	东部地区	1299	0.00809	0.02381	0.32760	0.00000	0.00186
	中部地区	502	0.00975	0.02645	0.29957	0.00000	0.00205
	西部地区	557	0.00943	0.03439	0.71817	0.00000	0.00199
	东北地区	176	0.02296	0.20317	2.69650	0.00000	0.00167

进一步通过 Median 检验和 Kruskal - Wallis 检验（K - W 检验）来验证企业不同类型环保投资规模的地区性差异，从表 3-11 的结果可知，企业前瞻性环保投资的 Median 检验和 K - W 检验的卡方值分别为 33.9606 和 38.3240，对应 p 值拒绝无差异假设，说明企业前瞻性环保投资规模具有区域性特点；相反，企业治理性环保投资规模的 Median 检验和 K - W 检验的卡方值分别为 0.9311 和 4.7930，对应显著性接受无差异假设，说明企业治理性环保投资的区域性特点不明显。

表 3-11　　企业不同类型环保投资规模的非参数检验结果

项目	分组	Median 检验		K - W 检验	
企业前瞻性环保投资	东部地区	卡方值	P 值	卡方值	P 值
	中部地区	33.9606	0.0000	38.3240	0.0001
企业治理性环保投资	西部地区	卡方值	P 值	卡方值	P 值
	东北地区	0.9311	0.8180	4.7930	0.1876

2. 地区经济发展水平与企业环保投资

地区经济发展水平在较大程度上能够反映地区的市场化程度、法制情况、当地人们的环保意识和消费倾向，作为外部影响因素对企业环保投资决策具有重要的影响。本节拟用2007～2015年[①]地区人均GDP来衡量地区经济发展水平，人均GDP既能反映地区经济发展情况，也能反映地人们的环保意识。按照各年人均GDP的中位数进行划分，将地区人均GDP低于当年全国人均GDP中位数的地区划分为经济欠发达地区，将高于当年全国人均GDP中位数的地区划分为经济发达地区。

从表3－12可知，其一，大多数进行环保投资的企业位于经济发达地区；其二，从企业环保投资规模的均值来看，经济欠发达地区略高于经济发达地区；其三，从企业环保投资规模的中位数来看，经济欠发达地区低于经济发达地区，经济发达地区和经济欠发达地区的中位数都小于对应均值，说明经济发达地区和经济欠发达地区的过半数企业环保投资规模都低于平均水平；其四，经济欠发达地区企业环保投资规模的最大值与最小值之间差距较大。

表3－12　不同地区经济发展水平下企业环保投资规模的分布情况

地区经济发展水平	N	均值	标准差	最大值	最小值	中位数
经济欠发达地区	1775	0.02701	0.44356	18.62077	0.00000	0.00323
经济发达地区	1976	0.01963	0.04275	0.51141	0.00000	0.00419
合计	3751	0.02312	0.30668	18.62077	0.00000	0.00381

进一步地对企业不同类型环保投资规模进行分析，如表3－13所示，第一，大多数进行前瞻性环保投资的企业位于经济发达地区，而更多地进行治理性环保投资的企业位于经济欠发达地区；第二，从企业前瞻性环保投资规模的均值和中位数来看，经济欠发达地区的均值高于经济发

① 受限于《中国统计年鉴》更新速度，地区经济发展水平的统计区间为2007～2015年。

达地区的均值，中位数都低于对应均值。从企业治理性环保投资规模的均值和中位数来看，经济欠发达地区的均值大于经济发达地区的均值，中位数都低于对应均值。在一定程度上说明企业不同类型环保投资规模在经济欠发达地区和经济发达地区之间存在较大差异，地区经济发展水平对企业环保投资规模和企业环保投资类型有较大影响。

表 3-13 不同地区经济发展水平下的企业不同类型环保投资规模分布情况

分类	经济发展水平	N	均值	标准差	最大值	最小值	中位数
企业前瞻性环保投资	经济欠发达地区	921	0.03622	0.52610	15.92427	0.00000	0.00335
	经济发达地区	1153	0.02627	0.04964	0.51141	0.00000	0.00718
	合计	2074	0.03069	0.35246	15.92427	0.00000	0.00517
企业治理性环保投资	经济欠发达地区	1146	0.01274	0.08530	2.69650	0.00000	0.00213
	经济发达地区	1059	0.00802	0.02408	0.32760	0.00000	0.00189
	合计	2205	0.01047	0.06375	2.69650	0.00000	0.00206

进一步地通过 Kolmogorov - Smirnov 检验（K - S 检验）和 Mann - Whitney 检验（M - W 检验）来验证企业不同类型环保投资的地区性差异。从表 3 - 14 的结果可以发现，企业前瞻性环保投资规模和企业治理性环保投资规模在经济发达地区和经济欠发达地区之间存在显著差异。企业前瞻性环保投资规模在经济发达地区和经济欠发达地区上的显著性大于企业治理性环保投资规模的显著性。

表 3-14 不同地区经济发展水平下企业不同类型环保投资规模的非参数检验结果

项目	分组	K-S 检验		M-W 检验	
企业前瞻性环保投资	经济欠发达地区	D 值	P 值	Z 值	P 值
	经济发达地区	0.1329	0.0000	-6.0240	0.0000
企业治理性环保投资	经济欠发达地区	D 值	P 值	Z 值	P 值
	经济发达地区	0.0567	0.0580	2.429	0.0151

3. 地区环境管制强度与企业环保投资

基于合法性理论，环境规则是促进企业环保投资的重要外部因素。本节借鉴唐国平和李龙会（2013）具有代表性的做法，通过《中国环境年鉴》收集2007～2014年[①]工业“三废”的数据，以及通过《中国统计年鉴》收集工业产值的数据计算环境管制指数。本节具体选取工业二氧化碳、工业二氧化硫、工业烟（粉）尘和工业固体废物为计算对象，通过四步完成环境管制综合指数的计算：

第一步，计算工业污染去除率。

第i省（市、区）第j类工业污染物去除率 $X_{i,j}$ =（第i省第j类工业污染物去除量/第j类工业污染物排放总量）×100% （3.1）

（i=1，2，…，30；j=1，2，3，4）

第二步，标准化处理。

工业污染物去除率的标准化值 $R_{i,j}$ =（$X_{i,j}$ − 当年各省第j类污染物去除率的最小值）/（当年各省第j类污染物去除率的最大值 − 当年各省第j类污染物去除率的最小值） （3.2）

第三步，计算调整系数。

调整系数 $C_{i,j} = TR_{i,j}/PR_{i,j}$，其中 $TR_{i,j}$ = 第i省（市、区）第j类工业污染物排放量/当年全国第j类工业污染物排放总量；$PR_{i,j}$ = 第i省（市、区）工业产值/当年全国工业总产值 （3.3）

第四步，计算环境管制综合指数。

$$\text{环境管制综合指数 } EM = \sum R_{i,j} \times C_{i,j} \quad (3.4)$$

最终获得3209个企业环保投资样本，1745个企业前瞻性环保投资样本和1930个企业治理性环保投资样本。并按照各年环境管制指

① 由于《中国环境年鉴》仅更新至2014年，环境管制强度也只能计算到2014年，因此该部分仅用2007～2014年数据进行检验。

数的中位数进行划分，将地区环境管制指数低于当年全国环境管制中位数的地区划分为地区环境管制弱组，将高于当年全国环境管制中位数的地区划分为地区环境管制强组。

从表3-15可以发现，在环境管制强的地区进行企业环保投资的样本数量多于环境管制弱组的地区样本数量。从企业环保投资规模均值和中位数来看，地区环境管制弱组的均值和中位数略高于地区环境管制强组的均值和中位数，但均值都大于对应中位数，说明无论是环境管制强的地区还是环境管制弱的地区，大多数企业环保投资规模低于平均水平。

表3-15　不同地区环境管制强度下企业环保投资规模的分布情况

地区环境管制强度	N	均值	标准差	最大值	最小值	中位数
环境管制弱的地区	1570	0.03215	0.47175	18.62077	0.00000	0.00399
环境管制强的地区	1639	0.01640	0.03844	0.56804	0.00000	0.00353
合计	3209	0.02411	0.33115	18.62077	0.00000	0.00384

从表3-16的结果可知，环境管制强的地区进行企业前瞻性环保投资的样本数量略少于环境管制弱的地区样本数量。从企业前瞻性环保投资规模的均值和中位数来看，环境管制强的地区均值和中位数均低于环境管制弱组地区均值和中位数。

表3-16　不同地区环境管制强度下企业不同类型环保投资规模的分布情况

分类	地区环境管制强度	N	均值	标准差	最大值	最小值	中位数
企业前瞻性环保投资	环境管制弱的地区	905	0.04382	0.53082	15.92427	0.00000	0.00664
	环境管制强的地区	840	0.01916	0.04545	0.56804	0.00000	0.00394
	合计	1745	0.03195	0.38367	15.92427	0.00000	0.00504
企业治理性环保投资	环境管制弱的地区	841	0.01288	0.09930	2.69650	0.00000	0.00175
	环境管制强的地区	1089	0.00992	0.02428	0.29957	0.00000	0.00236
	合计	1930	0.01121	0.06803	2.69650	0.00000	0.00211

环境管制强的地区进行企业治理性环保投资的样本数量多于环境管制弱的地区企业治理性环保投资样本数。从企业治理性环保投资规模的均值和中位数来看，环境管制弱的地区均值高于环境管制强的地区均值，但环境管制弱的地区中位数略低于环境管制强的地区的中位数。上述结果说明环境管制强度对企业环保投资规模和企业环保投资类型均有较大影响。

此外，从表3－17的K－S检验和M－W检验结果可以看出，企业前瞻性环保投资规模和企业治理性环保投资规模均在环境管制强的地区和环境管制弱的地区之间存在显著差异。上述结果说明，环境管制是影响企业环保投资规模的重要因素，不同环境管制强度对企业不同类型环保投资规模的影响具有差异性。

表3－17　不同地区环境管制强度下企业不同类型环保投资规模的非参数检验结果

项目	分组	K－S检验		M－W检验	
企业前瞻性环保投资	环境管制弱的地区	D值	P值	Z值	P值
	环境管制强的地区	0.1013	0.0000	4.4530	0.0000
企业治理性环保投资	环境管制弱的地区	D值	P值	Z值	P值
	环境管制强的地区	0.0788	0.0060	－3.389	0.0007

（三）组织特征与企业环保投资

1. 企业生命周期与企业环保投资

根据企业生命周期理论，在企业不同的生命阶段，企业的经营决策和投资战略也具有不同的特征。根据Dickinson（2011）和黄宏斌等（2016）的做法，采用现金流组合法对企业生命周期进行划分，本节将其划分为成长期、成熟期和衰退期三个阶段，具体的现金流组合可如表3－18所示。

表 3－18 不同企业生命周期的现金流特征组合

现金流	成长期		成熟期	衰退期				
	导入期	增长期	成熟期	衰退期	衰退期	衰退期	淘汰期	淘汰期
经营现金净流量	－	＋	＋	－	＋	＋	－	－
投资现金净流量	－	－	－	－	＋	＋	＋	＋
筹资现金净流量	＋	＋	－	－	＋	－	＋	－

如表 3－19 所示，从企业环保投资的样本数量来看，企业处于成长期的样本数量最多，占总样本数量的 54.65%，其次是成熟期的样本数量，占总样本的 33.55%，最后是衰退期的样本数量，占总样本的 11.80%。从企业环保投资规模的均值来看，处于成长期的企业环保投资规模最大，处于成熟期的企业环保投资规模大于处于衰退期的企业环保投资规模。企业生命周期各阶段的企业环保投资规模均值都大于对应中位数，说明在不同企业生命周期阶段，企业环保投资规模存在普遍偏低的现状。

表 3－19 不同企业生命周期下企业环保投资规模的分布情况

企业生命周期	N	均值	标准差	最大值	最小值	中位数
成长期	2388	0.02445	0.05409	0.79099	0.00000	0.00522
成熟期	1466	0.02295	0.48642	18.62077	0.00000	0.00281
衰退期	516	0.00836	0.01940	0.18767	0.00000	0.00177

如表 3－20 所示，在成长期进行企业前瞻性环保投资的样本数量和规模均值都大于企业治理性环保投资的样本数量和规模均值。在成熟期和衰退期进行企业前瞻性环保投资的样本数量小于企业治理性环保投资的样本数量，但是在成熟期和衰退期的企业前瞻性环保投资规模均值大于对应的企业治理性环保投资规模的均值。

表 3-20　不同企业生命周期下企业不同类型环保投资规模的分布情况

分类	企业生命周期	N	均值	标准差	最大值	最小值	中位数
企业前瞻性环保投资	成长期	1415	0.03020	0.06066	0.79099	0.00000	0.00726
	成熟期	762	0.03377	0.57685	15.92427	0.00000	0.00342
	衰退期	268	0.01188	0.02424	0.18082	0.00000	0.00293
企业治理性环保投资	成长期	1304	0.01196	0.03525	0.71817	0.00000	0.00247
	成熟期	937	0.00854	0.08856	2.69650	0.00000	0.00193
	衰退期	293	0.00378	0.00916	0.09038	0.00000	0.00093

本节通过 Median 检验和 K-W 检验来验证企业前瞻性环保投资规模和企业治理性环保投资规模分别在不同生命周期阶段中的差异性。从表 3-21 的 Median 检验和 K-W 检验的卡方值和显著性水平来看，企业前瞻性环保投资规模和企业治理性环保投资规模均在企业成长期、成熟期和衰退期之间存在显著差异。上述结果说明企业所处生命周期阶段对企业环保投资规模和企业环保投资类型均有较大影响。

表 3-21　不同企业生命周期下企业不同类型环保投资规模的非参数检验结果

项目	分组	Median 检验		K-W 检验	
企业前瞻性环保投资	成长期 成熟期 衰退期	卡方值	P 值	卡方值	P 值
		41.1898	0.0000	64.2010	0.0001
企业治理性环保投资		卡方值	P 值	卡方值	P 值
		36.5959	0.0000	52.3650	0.0001

2. 产权性质与企业环保投资

产权性质影响着企业环保投资的风险偏好与投资意图，在中国特殊经济背景下，非国有企业能获得的政府资源较少，在竞争中处于劣势地位，因此主动承担社会责任、积极开展企业环保投资有利于非国有企业获得政府的支持。另外，国有企业与当地政府存在资源交换的关系，在环境保护方面能够优先享受获得国家政策扶持政策，因此将被动承担更多的社会责任。从表 3－22 的结果可以发现，国有企业进行环保投资的样本数量多于非国有企业的样本数量。但是，国有企业环保投资规模均值小于非国有企业环保投资规模均值。

表 3－22　　不同产权性质下企业环保投资规模的分布情况

产权性质	N	均值	标准差	最大值	最小值	中位数
非国有企业	2023	0.02320	0.05174	0.71817	0.00000	0.00484
国有企业	2347	0.02106	0.38542	18.62077	0.00000	0.00288

从表 3－23 的结果来看，非国有企业进行前瞻性环保投资的样本数量多于国有企业样本数量，国有企业前瞻性环保投资规模的均值略低于非国有企业的均值。从企业治理性环保投资结果来看，国有企业的样本数量约为非国有企业样本数量的 2 倍，但是非国有企业治理性环保投资规模的均值略高于国有企业的均值。

表 3－23　　不同产权性质下企业不同类型环保投资规模的分布情况

分类	产权性质	N	均值	标准差	最大值	最小值	中位数
企业前瞻性环保投资	非国有企业	1231	0.03003	0.05637	0.56804	0.00000	0.00919
	国有企业	1214	0.02856	0.45830	15.92427	0.00000	0.00268
企业治理性环保投资	非国有企业	968	0.01025	0.03670	0.71817	0.00000	0.00179
	国有企业	1566	0.00944	0.07014	2.69650	0.00000	0.00205

另外，非国有企业中进行前瞻性环保投资的样本数远高于治理性环保投资的样本数，相反，国有企业中进行前瞻性环保投资的样本数远低于治理性环保投资的样本数。

为了检验在不同产权性质下企业不同类型环保投资规模差异性，进行 K－S 检验和 M－W 检验。从表 3－24 的结果可以发现，企业前瞻性环保投资规模在国有企业和非国有企业之间存在显著性差异，而企业治理性环保投资规模在国有企业和非国有企业之间的没有显著性差异。

表 3－24　不同产权性质下企业不同类型环保投资规模的非参数检验结果

项目	分组	K－S 检验		M－W 检验	
企业前瞻性环保投资	非国有企业	D 值	P 值	Z 值	P 值
	国有企业	0.2006	0.0000	11.0900	0.0000
企业治理性环保投资	非国有企业	D 值	P 值	Z 值	P 值
	国有企业	0.0323	0.5610	－0.2840	0.7763

第三节　研究结论与启示

一、研究结论

本章以我国 2007～2016 年 A 股上市公司为研究样本，探讨了企业环保投资的定义、统计原则、分类的原则，并从行业、地区和组织特征出发，分析了企业环保投资、企业前瞻性环保投资和企业治理性环保投资的分布特征和发展现状。研究发现：

第一，企业环保投资规模整体处于低水平状态，不仅大多数企业前瞻性环保投资规模低于平均水平，而且大多数企业治理性环保投资规模也低于平均水平。

第二，企业环保投资具有行业异质性特征。首先，从样本量来看，制造业进行环保投资的企业数量远大于非制造业企业数量，制造业企业是推动企业环保投资的“主力军”。非重污染行业企业的样本量逐年增加，缩小了与重污染行业的样本量之间差距。其次，从规模来看，非制造业企业环保投资规模高于制造业企业环保投资规模；非重污染企业环保投资规模高于重污染行业企业环保投资规模。最后，从分类的情况来看，企业前瞻性环保投资规模在制造业和非制造业行业之间存在显著差异，但是企业治理性环保投资规模在制造业和非制造业行业之间没有显著差异。企业前瞻性环保投资规模在重污染行业和非重污染行业之间没有显著差异，而企业治理性环保投资规模在重污染行业和非重污染行业之间存在显著差异。

第三，企业环保投资规模存在空间异质性。首先，从样本量来看，东部地区上升迅猛，中部地区和西部地区增速相当，东北地区增长缓慢。其次，从规模来看，东北地区企业环保投资规模均值最大，然后是东部地区、中部地区和西部地区。最后，从分类情况来看，企业前瞻性环保投资规模在东部地区、中部地区、西部地区和东北地区之间存在地区性差异，但企业治理性环保投资规模在不同地区之间的差异性不显著。

第四，企业环保投资规模的空间异质性还表现在地区经济发展水平和地区环境管制强度方面。首先，从地区经济发展水平方面来看，经济发达地区的样本数量多于经济欠发达地区的样本数量，经济欠发达地区企业环保投资规模高于经济发达地区企业环保投资规模。企业前瞻性环保投资规模和企业治理性环保投资规模在经济发达地区和经济不发达地区之间都存在显著差异。其次，从地区环境管制强度方面来看，地区环境管制强的地区企业样本数量显著高于地区环境管制弱的地区企业样本数量；地区环境管制弱的地区企业环保投资规模均值大于地区环境管制强的地区企业环保投资规模均值。企业前瞻性环保投资规模和企业治理性环保投资规模均在环境管制强的地区和环境管制弱的地区之间存在显著差异。

第五，企业环保投资存在个体异质性。首先，从不同企业生命周期阶段来看，处于成长期的样本数量最多，然后是成熟期的样本数量。处于成长期的企业环保投资规模均值最大，接着是处于成熟期的企业环保投资规模均值。企业前瞻性环保投资规模和企业治理性环保投资规模在成长期、成熟期和衰退期上存在显著差异。其次，从产权性质方面来看，国有企业样本数量高于非国有企业样本的数量，但是国有企业环保投资规模均值低于非国有企业环保投资规模均值。国有企业中进行前瞻性环保投资的样本数远低于治理性环保投资的样本数。企业前瞻性环保投资规模在不同产权性质之间存在显著性差异，但企业治理性环保投资规模在不同产权性质之间没有显著差异。

二、启示

一方面，对政府而言，加强环境管制力度，从严防污治污是推动企业治理性环保投资的重要手段，但应适当对企业不同类型环保投资行为实行差别化政策，重视行业因素、地区经济发展水平、地区环境管制强度和产权性质对企业不同类型环保投资的影响差异，在推动企业治理性环保投资的同时，也要推动企业前瞻性环保投资的发展。

另一方面，对企业而言，应重视外部环境变化，制订环境保护长远战略，贯穿企业全生命周期，转变生产经营理念，提高企业管理者的环保意识，这是赢得企业“更可持续发展”的重要方面。

第四章　公众参与、产权性质与企业环保投资

第一节 引言

2015年党的十八届五中全会提出了五大发展理念，其中绿色发展是解决“人民日益增长的美好生活需要同不平衡不充分发展”之间矛盾的重要一环。2017年党的十九大报告提出中国特色社会主义进入新时代，将绿色发展置于突出位置，拉开了绿色发展新时代的序幕，这意味着传统经济向绿色经济的转变。在这样的时代背景下，国家基于环境问题的外部性特征，力图弥补“市场失灵”采取一系列干预措施，但政府干预行为本身存在局限性，政府干预并不总是有效的，这导致了政府干预不足或是干预过度的“政府失灵”现象。在世界大部分地区，在环境管理和决策过程中公众参与方式被广泛用来弥补“政府失灵”和“市场失灵”。

公众参与的出现最早可以追溯到20世纪70年代，当时受到环境法规的推动，将公众参与引入国家环境问题中。直到90年代，在世界上大部分地区，公众参与作为“开门”式的协商方法在环境影响评价中被用于实现可持续发展。前期研究大多将公众参与作为一种方式、方法或工具，例如，Madero和Morris（2016）指出公众参与是利益相关者参与到环境决策中，以一种透明、灵活、包容的方式处理复杂环境问题的方法。Aitken（2009）认为公众参与是纠正环境问题和走向更开放、包容的环境治理方式。欧盟水框架指令（WFD）及其指导文件将公众参与作为提高政策有效性的工具，即公众参与不是目的，而是实施水框架指令的工具（Fritsch，2016）。Eden和Bear（2012）将公众分为三类，即普通公众、专业公众和通过实践与行动而促成的“形成性公众”，认为公众主要是由知识、所处环境或自身利益所决定，强调环境公众是实践、活动、跨越不同时间、空间和互动的成果。卢洪友（2013）基于环境权认为公众参与是一种有效的环境管理机制，有助于推进政府环境管理决策的规范性和有效性，体现了公平正义的国家公众治理手段。王建明（2008）认为公众参与大多数通过舆论和市场行为实现对企业的影响。总之，实施公众参与使环保成为全民性的公共事业，对企业环境污染防治行为产生了越来越深远的影响。

不同的公众作为公民中的活跃分子参与到环境决策中，这反映的不仅仅是通过公众参与获得一系列利益相关者的数据、信息和观点进行环境决策行为的一种输入，也是一种通过公众参与提高政策有效性的产出。2002 年 10 月 28 日，我国正式颁布《环境影响评价法》，第一次将公众参与应用到环境影响评价程序。2006 年 3 月 18 日，我国颁布的《环境影响评价公众参与暂行办法》开始实施，这是以制度化的方式将公众参与引入环境影响评价工作中。自 2015 年 1 月 1 日新修订的《环境保护法》实施以来，环境保护部部务会议又通过了《环境保护公众参与办法》（以下简称《办法》）。该《办法》于 2015 年 9 月 1 日起正式施行，是首个对公众环保参与做出专门规定的部门规章。在该《办法》中明确了环保主管部门拟组织召开座谈会、专家论证会征求意见，以及向社会公众举行听证会的具体规定，也明确了公众参与的方式、途径和奖励等权益。《办法》的出台为环保公众参与提供了制度保障，畅通了环保公众参与渠道。

公众参与是一种自下而上推动环境保护的根本力量，体现了社会主义民主法治的参与机制。但是，公众参与受到不同文化背景、社会、政治和经济条件的影响，因此公众参与在不同国家和地区有不同的效力。本章将基于中国特殊的经济、政治、文化背景，从不同维度检验公众参与和企业环保投资的关系，并进一步检验产权性质对公众参与和企业环保投资关系的调节作用。本章可能的贡献在于：（1）丰富了企业环保投资影响因素及实现路径的研究文献。一方面，将企业环保投资作为单维构念实证检验了公众参与和企业环保投资的关系，以及产权性质对公众参与和企业环保投资规模关系的调节作用；另一方面，将企业环保投资作为多维构念，实证检验了公众参与和企业不同类型环保投资的关系，以及产权性质对公众参与和企业不同类型环保投资关系的不同调节作用。本章是对外部监督力量影响企业环保投资行为研究的拓展，丰富了企业环保投资影响因素方面的文献。(2) 明确了国有企业和非国有企业的环保责任对公众参与度与企业环保投资关系的影响差异，为我国国有企业改革提供借鉴，也为促进非国有企业环保投资提供新思路。(3) 明确了公众参与对企业环保投资的重要影响，以及对企业不同类型环保投资的影响差异，为促进公众环保参与改革提供经验借鉴。

第二节　理论分析与研究假设

一、公众参与和企业环保投资

根据 Schwartz 和 Carroll (2003) 的企业社会责任三领域模型认为，企业环保投资行为动机受到道德、经济和制度三个方面的影响。其中，企业社会责任在道德领域动机最突出表现是，对普通大众和利益相关者的环保期望做出响应，以达到正式规范行为标准，或达到对社会产生最大净收益或最低净成本的结果标准，抑或是体现责任和义务的标准，公众参与度影响企业环保投资的道德动机。本质上而言，在公众参与过程中影响和分享了对企业环境行动的控制，加强了对企业环保和经济相协调的建议（Rajvanshi，2003）。

首先，国家通过权利转交给公众，使公众认识到自身的“环保责任”，增进公民之间的沟通，促进个人问责制和集体行动主义，并支持一种共同的环保责任文化（Madero and Morris，2016）。当越来越多的公众意识到这样的“环保责任”，将根据对当地经济、社会文化、技术和生态环境的了解，逐渐形成共同的价值观，对企业而言是一种强有力的社会规范标准，使企业不得不考虑违背这种社会规范标准的风险和成本。

其次，公众参与能够促成企业考虑公众诉求与经营目标之间的冲突，我国学者杜鹏和徐中民（2007）认为公众通过间接或直接地参与来影响与其自身利益相关的管理和决策，体现了公民平等主义和现实修正主义的调和和交锋。当公众以合法身份参与向企业发出绿色诉求时，企业有两个选择：一是选择保持原样继续生产高污染产品，这样的结果只会激化公众与企业之间的矛盾，当冲突强度和严重性增加时，将迫使政府介入，政府介入不利于企业维持辛苦建立的良好政企关系，由此企业不得不对公众诉求做出响应。二是一开始就采取积极态度，向公众表明企业的环保道德立场，淘汰污染排放大的机器设备，进行清洁生产，积极开发环保产品。这样的结果从短期来看，企业进行环保投资达到了道德标准，降低了环保风险，增加企业成本。但是，从长期来看，获得绿色声誉抢占绿色新兴市场，实现环保成本的转化。

最后，当企业新项目投资影响到当地公众福利时，公众可以利用参与权力和对当地风俗、文化等知识的了解，减少企业大股东与小股东之间以及股东与管理者之间的信息不对称程度，也能减少企业管理者的机会主义动机。当面对公众参与施加的环境压力时，企业内部利益相关者的目标趋于一致，为了满足公众绿色诉求，将减少环境污染项目投资，增加环保投资。基于此，本章提出如下研究假设：

H4－1：限定其他条件，公众参与度和企业环保投资规模呈正相关关系。

二、产权性质的调节作用

产权性质不同，企业所受到的道德、经济和制度压力也不同，将导致企业做出不同的环保投资决策。2006 年深交所发布的《上市公司社会责任指引》、2007 年中国证监会发布的《上市公司信息披露管理办法》，以及2008年上交所发布的《上市公司信息披露指引》均要求上市公司对自然环境和资源承担相应责任。与此同时，2008年1月国资委发布的《关于中央企业履行社会责任的指导意见》以及2014年国资委和环保部联合发布的《关于进一步加强中央企业节能减排工作的通知》，推动了中央企业履行环保责任。可见，企业的环保责任行为受到制度环境的普遍影响。

另外，国家通过中央财政环保专项资金政策、环保税收政策、排污收费政策、环保优惠政策等经济手段调节或影响市场主体环保责任行为，赋予了地方政府权力去控制大量的资金、土地、政府补贴、税收减免、产业政策等对企业有决定性影响的关键生产要素（周黎安，2007）。在市场体制不健全的情况下，企业为了生存和发展进行"政治寻租"，力求从政府手中获得政府补贴、税收优惠等资源。由于产权属性不同，导致企业政治寻租的动机也不同。

其中，国有企业掌握着国家经济命脉，对引导国家经济发展方向具有重要作用。特别是国有企业主要分布于石油石化、交通运输、冶金、化工、煤炭等八大重点行业，均属于能源消耗大户，因此，国有企业履行环保责任行为将成为地方政府或官员个人政绩的突出表现。在政治晋升竞标赛的影响下，地方政府倾向于将政府补贴等资源流向国有企业，以求实现国有企业环保责任行为。

非国有企业能获得的政府资源较少，在竞争中处于劣势地位，非国有企业为了获得当地政府的支持，需要建立更大程度的政治关系来获取必要的政治资源，为其生产和管理提供必要保障。因此，在社会责任方面非国有企业表现出更为强烈的"政治寻租"倾向（李四海等，2015）。在公众的绿色诉求下，非国有企业为了维持已经建立的良好政治关系，更倾向于选择不激化公众与企业之间矛盾。

另外，相比国有企业而言，非国有企业以实现经济价值增值为目标，具有更强的逐利动机。因此，公众参与度越高越能让非国有企业获知公众的绿色需求，促使非国有企业从公众需求的角度出发，增加企业环保投资规模，来提高绿色核心竞争力，树立绿色形象，创造投入资本价值增值的可能。基于此，本章提出如下研究假设：

H4－2：相比于非国有企业，国有企业弱化了公众参与度对企业环保投资规模的正向影响。

第三节　研究设计

一、研究样本与数据来源

从2007年11月22日国务院发布《国家环境保护“十一五”规划目标》到2015年“十二五”规划的收官之年，是一个以“节能减排”为环保主题的进行生态文明建设的完整时期。因此，本章选取2008～2015年[①]沪深两市A股制造业上市公司作为研究样本。首先，按关键字收集上市公司环保投资数据，主要包括“环保”“绿色”“节能”“新能源”“清洁生产”“除尘”“降噪”等与环境污染预防和治理相关的关键字，关键字覆盖技术、产品、工艺、设备、系统、治理等方面。其次，搜索这些词的变体，例如，“再生”的变体为“可再生”，“环保”的变体为“环境保护”，“除尘”的变体为“降尘”“抑尘”“无尘”“收尘”等。最后，检查这些关键词在上下文的描述，经过逐一检查核对，保留相关项目，删除无关项目。并对披露企业环保投资数据的上市公司进行如下筛选：（1）剔除ST、PT的样本公司；（2）剔除变量指标缺失的样本公司；（3）剔除西藏的样本公司，因为该地区部分指标缺失。经过筛选，本章最终获得2114个企业环保投资样本数据，1286个企业前瞻性环保投资样本数据和

① 本书已收集了2016年的企业环保投资数据，但由于来源与《中国环境年鉴》的公众参与度等指标只更新到2014年，考虑自变量和因变量滞后一期，因此本书企业环保投资的样本区间为2008～2015年。

1243 个企业治理性环保投资样本数据。由于部分企业既进行了前瞻性环保投资，又进行了治理性环保投资，因此，两类环保投资样本量合计为 2529 个，大于企业环保投资的样本量 2114 个。

本章的数据来源途径如下：(1) 企业环保投资数据来源于 CSMAR 数据库；(2) 公众参与度变量数据、地区环境立法管制、地区环保宣传变量数据来源于《中国环境年鉴》；(3) GDP 排名数据来源于《中国统计年鉴》，并通过手工整理获得；(4) 其他研究变量来源于 Wind 数据库。为了克服异常值对研究结论的影响，对连续变量在 1% 与 99% 分位数上进行 Winsorize 处理，所有数据处理软件为 Stata 13.0。

二、模型设定与变量选取

为了检验公众参与度和企业环保投资规模的关系，构建下列模型 (4-1)。考虑到企业环保投资的时滞性和可能的内生性问题，对模型中因变量和自变量考虑滞后一期的时间间隔，并对模型进行 Robust 异方差检验。采用固定效应模型回归，因为固定效应模型可以在一定程度上解决扰动项中的个体异质性问题，提高估计结果的一致性：

$$\begin{aligned} EI_{i,t} = {} & \beta_0 + \beta_1 PP_{i,t-1} + \beta_2 Roe_{i,t-1} + \beta_3 Lev_{i,t-1} + \beta_4 Flow_{i,t-1} + \\ & \beta_5 Cost_{i,t-1} + \beta_6 Growth_{i,t-1} + \beta_7 Size_{i,t-1} + \beta_8 Gov_{i,t-1} + \\ & \beta_9 Balance_{i,t-1} + \beta_{10} AL_{i,t-1} + \beta_{11} EC_{i,t-1} + \beta_{12} Sortmgdp_{i,t-1} + \varepsilon \end{aligned} \tag{4-1}$$

为了检验产权性质对公众参与度与企业环保投资规模之间关系的调节作用，构建下列模型：

$$\begin{aligned} EI_{i,t} = {} & \beta_0 + \beta_1 PP_{i,t-1} + \beta_2 State_{i,t-1} + \beta_3 PP_{i,t-1} \times State_{i,t-1} + \\ & \beta_4 Roe_{i,t-1} + \beta_5 Lev_{i,t-1} + \beta_6 Flow_{i,t-1} + \beta_7 Cost_{i,t-1} + \\ & \beta_8 Growth_{i,t-1} + \beta_9 Size_{i,t-1} + \beta_{10} Gov_{i,t-1} + \beta_{11} Balance_{i,t-1} + \\ & \beta_{12} AL_{i,t-1} + \beta_{13} EC_{i,t-1} + \beta_{14} Sortmgdp_{i,t-1} + \varepsilon \end{aligned} \tag{4-2}$$

企业环保投资规模（EI）① 采用“投资总额/资本存量”来衡量企业环保投资规模。将企业环保投资分为环保产品及环保技术的研发与改造投资；环保设施及系统购置与改造投资；清洁生产类投资；污染治理技术研发与改造投资；污染治理设备及系统购置与改造投资。其中投资总额为企业当年新增环保投资额，资本存量使用期初总资产表示。

公众参与度（PP）：随着公众参与途径不断拓展，采用单一指标（如来信总数）来衡量公众参与度有一定局限性，因此本章采用各地区每年的来信总数、来访总数、承办的人大建议数和承办的政协提案数的合计数与当地人口总数的比值来衡量公众参与度。其中来信和来访是普通公众参与环境问题最常用的方式，较好地体现了环境管理的“参与民主”方式，反映了当地普通公众直接参与环境管理的程度；承办的人大建议数和承办的政协提案数较好地体现了环境管理的“代表民主”方式，反映了当地公众通过权力组织间接参与环境管理的程度。本章使用权重的方法来降低该指标的“噪音”，使该指标更多地体现为公众对工业企业环境污染防治行为的参与度。

首先，计算出地区各类工业污染排放物占该地区各类污染物排放总量的比重。根据环保部官方数据显示，公众依次关注的是空气污染、水污染及其他，因此选用废水排放量、二氧化硫排放量和烟（粉）尘排放量三类污染物来计算权重。

$$W_{ij} = \frac{E_{i,j}}{TE_{i,j}} \quad (i = 1, 2, \cdots, 30; j = 1, 2, 3) \qquad (4-3)$$

其中，$E_{i,j}$表示第 i 个省（市、区）的第 j 类工业污染物排放量；$TE_{i,j}$表示第 i 个省（市、区）的第 j 类污染物排放总量，将两者相除得到 $W_{i,j}$，表示第 i 个省（市、区）的第 j 类工业污染物排放量占该

① （1）企业进行环境保护而发生的其他相关支出不包括在内，如环保监察费、环保设计费、环评和能评费、厂部绿化费、环保教育及培训费用、环境管理费用等；（2）间接性支出项目不包括在内，如捐赠绿色基金费；（3）已经费用化的支出项目不包括在内，如排污和编制社会责任报告（环境报告）的费用、环境税费、排污费等。

类污染物排放总量的比重。

其次，计算地区工业污染物占比的平均值。

$$\overline{W}_1 = \frac{\sum W_{i,j}}{n} \tag{4-4}$$

其中，$\overline{W}_1$ 表示第 i 个省（市、区）工业污染物排放量占第 i 个省（市、区）污染物排放总量比重的平均值，该值相当于权重。

最后，计算调整后的公众参与度。

$$PP_i = NPP_i \times \overline{W}_1 \tag{4-5}$$

其中，NPP_i为第 i 个省（市、区）（来信总数 + 来访总数 + 承办的人大建议数 + 承办的政协提案数）/地区人口总数，PP_i表示通过权重调整后的第 i 个省（市、区）的公众参与度。经过调整后的 PP_i能够更好地体现出公众对企业环境污染防治行为的参与程度。

其他控制变量指标详如表 4 – 1 所示。

表 4 – 1　　研究变量说明

变量类型	变量代码	变量名称	变量定义
被解释变量	EI	企业环保投资规模	当年新增企业环保投资额/期初总资产
解释变量	PP	公众参与度	（来信总数 + 来访总数 + 承办的人大建议数 + 承办的政协提案数）/地区人口总数 × 权重
调节变量	State	产权性质	国有企业为 1，否则为 0
控制变量	Roe	净资产收益率	净利润/加权平均净资产
	Lev	资产负债率	负债总额/资产总额
	Flow	经营现金流量	经营现金流量净额/平均总资产
	Cost	管理费用率	管理费用/营业收入
	Balance	股权制衡度	第一至第五大股东持股比例
	Growth	营业收入增长率	（年末营业收入总额 – 年初营业收入总额）/年初营业收入总额
	Size	企业规模	上市公司期末总资产的自然对数
	Gov	资源获取能力	政府补助/平均总资产
	AL	地区环境立法管制	各地区累计颁布的环境法规数
	EC	地区环保宣传	各地区环保宣传数/全国环保宣传总数
	Sortmgdp	地方人均 GDP 排名	从大到小依次 1 到 30 排序

第四节　实证结果与分析

一、描述性统计

表4－2列示了研究变量的描述性统计结果，企业环保投资规模的最大值为0.18930和最小值为0.00001，两者之间的差距较大，且企业环保投资规模均值偏小为0.01636，中位数为0.00379，说明过半数样本公司的环保投资规模低于平均水平；公众参与度的最大值0.15120与最小值0.00160差距较大，均值0.03796大于中位数0.02570，说明过半数样本公司处于公众参与度偏低的地区。

表4－2　　　　研究变量描述性统计

变量	观测值	均值	标准差	最大值	最小值	中位数
EI	2114	0.01636	0.03146	0.18930	0.00001	0.00379
PP	2114	0.03796	0.03443	0.15120	0.00160	0.02570
State	2114	0.47209	0.49934	1.00000	0.00000	0.00000
Roe	2114	7.37109	12.23067	46.88000	－54.58000	7.25500
Lev	2114	0.47348	0.19476	0.95230	0.06530	0.49615
Flow	2114	0.04672	0.07435	0.29000	－0.19000	0.05000
Cost	2114	0.07589	0.04451	0.27590	0.00930	0.06915
Balance	2114	1.30807	0.88648	3.98870	0.22515	0.99513
Growth	2114	15.55989	27.48788	121.13000	－45.64000	12.32500
Size	2114	22.07696	1.17846	25.86000	19.51000	21.92000
Gov	2114	0.00551	0.00653	0.04270	0.00003	0.00349
AL	2114	1.92999	2.20481	11.00000	0.00000	1.00000
EC	2114	0.04528	0.03763	0.18072	0.00000	0.03614
Sortmgdp	2114	11.80227	8.46192	30.00000	1.00000	8.00000

本章针对我国上市公司环保投资可能存在的个体差异，按照产权性质将样本分为国有企业和非国有企业样本，进行参数检验和非参数检验，考察两组样本的环保投资规模是否存在显著差异。如表 4－3 所示，就平均值而言，国有企业样本为 1.2%，低于非国有企业样本的 2.1%，说明非国有企业环保投资规模大于国有企业环保投资规模。T 检验结果显示，两组样本的企业环保投资规模的平均值存在显著差异；从 M－W 检验和 K－S 检验结果来看，两组样本的企业环保投资的中位数也存在显著差异。以上参数和非参数检验结果说明，企业环保投资规模在不同产权性质的企业之间具有明显的差异。

表 4－3　　企业环保投资规模的参数检验与非参数检验结果

分析变量	分组变量	变量取值	样本分布	样本均值	标准差
EI	State	0	1116	0.021	0.06
		1	998	0.012	0.024
EI	State	均值 T 检验			
		T 值	自由度	显著性	均值差异
		6.5265	2112	0.0000	0.0089
		Mann－Whitney 检验		Kolmogorov－Smirnov Z 检验	
		Z 值	显著性	Z 值	显著性
		6.8370	0.0000	0.1304	0.0000

二、相关性分析

从表 4－4 相关性分析结果可以看出，公众参与度和企业环保投资规模显著正相关；产权性质与企业环保投资规模以及公众参与均显著负相关。其他变量之间的相关性也非常合理，其中净资产收益率、管理费用率、营业收入增长率和资源获取能力与企业环保投资规模显著正相关；资产负债率和企业规模与企业环保投资规模显著负相关。尽管变量之间相关系数显著，但相关系数值均小于 0.5，这表明本章构建的多元回归模型产生严重多重共线性问题的可能性小。

表 4－4　　研究变量相关性分析

变量	EI	PP	State	Roe	Lev	Flow	Cost	Balance	Growth	Size	Gov	AL	EC	Sortmgdp
EI	1													
PP	0.0552 ***	1												
State	-0.1369 ***	-0.0558 ***	1											
Roe	0.0608 ***	0.0704 ***	-0.1006 ***	1										
Lev	-0.0691 ***	-0.0213	0.3400 ***	-0.2569 ***	1									
Flow	-0.013	0.0711 ***	0.0661 ***	0.3050 ***	-0.1003 ***	1								
Cost	0.0733 ***	-0.0296	-0.1394 ***	-0.1294 ***	-0.2202 ***	-0.0950 ***	1							
Balance	-0.0162	0.0815 ***	0.1602 ***	0.0984 ***	0.0593 ***	0.0069	-0.1827 ***	1						
Growth	0.1122 ***	0.0449 **	-0.0706 ***	0.3665 ***	-0.0191	0.0435 **	-0.1742 ***	0.1634 ***	1					
Size	-0.0433 **	-0.1294 ***	0.3328 ***	0.0228	0.4466 ***	0.0655 ***	-0.3177 ***	0.0873 ***	-0.0165	1				
Gov	0.1478 ***	0.0026	-0.1216 ***	0.0288	-0.0995 ***	-0.0162	0.2067 ***	-0.0808 ***	-0.0057	-0.1684 ***	1			
AL	0.0079	-0.0266	-0.0694 ***	0.0221	-0.0594 ***	0.0378	0.0199	-0.0674 ***	0.0279	-0.0623 ***	0.0323	1		
EC	0.0214	0.3861 ***	-0.1555 ***	0.0686 ***	-0.0940 ***	0.0386	0.0159	0.0314	0.0132	-0.1218 ***	0.0200	0.0550 ***	1	
Sortmgdp	-0.0788 ***	-0.2727 ***	0.2697 ***	-0.0895 ***	0.1427 ***	0.0118	-0.0723 ***	-0.0003	-0.0098	0.0568 ***	-0.0231	0.0372 *	-0.3847 ***	1

注：***、**、*分别表示1%、5%、10%的显著性水平。

三、回归结果分析

本章面板数据的横截面维度大于时间维度，为短面板数据，一般假设其独立同分布，故在进行短面板回归前不进行自相关及协整性分析。运用 Stata 13.0 进行 Hausman 检验，验证究竟使用固定效应还是随机效应模型，如表 4-5 所示，倒数第二行的 Hausman 检验结果显示 p 值为 0.0000，故强烈拒绝原假设，认为使用固定效应模型而非随机效应模型。由于本章所使用的是非平衡面板数据，针对异方差的情形 Hausman 检验会被高估，因此本章使用过度识别检验（over identification test）来判断是选择固定效应还是选择随机效应模型，该检验可以使用，聚类稳健标准误来检验，使检验结果更为稳健，表 4-5 最后一行的结果显示，过度识别与 Hausman 检验结果一致，p 值为 0.0000，拒绝随机效应，认为应该使用固定效应模型。

表 4-5　　公众参与、产权性质与企业环保投资的回归结果

变量	固定效应（EI）			
	模型 1	模型 2	模型 3	模型 4
PP	0.001*** (2.86)	0.001** (1.99)	0.001** (1.99)	0.001** (2.25)
State			-0.003 (-0.35)	-0.002 (-0.31)
PP × State				-0.001** (-1.97)
Roe		0.000 (1.27)	0.000 (1.27)	0.000 (1.25)
Lev		-0.014 (-1.18)	-0.014 (-1.15)	-0.013 (-1.07)
Flow		-0.000 (-0.04)	-0.000 (-0.04)	-0.000 (-0.01)
Cost		0.028 (0.65)	0.028 (0.63)	0.031 (0.71)

续表

变量	固定效应（EI）			
	模型 1	模型 2	模型 3	模型 4
Balance		-0.001 (-0.97)	-0.001 (-0.97)	-0.001 (-0.94)
Growth		0.000 (0.81)	0.000 (0.82)	0.000 (0.77)
Size		-0.006 *** (-2.59)	-0.006 ** (-2.56)	-0.006 ** (-2.54)
Gov		0.132 (0.66)	0.132 (0.66)	0.127 (0.64)
AL		-0.000 (-0.44)	-0.000 (-0.43)	-0.000 (-0.61)
EC		0.005 (0.15)	0.006 (0.16)	-0.001 (-0.04)
Sortmgdp		0.001 (0.76)	0.001 (0.77)	0.001 (0.77)
常数项	-0.016 *** (3009.35)	0.147 *** (2.81)	0.149 *** (2.78)	0.147 *** (2.74)
N	2114	2114	2114	2114
R^2	0.010	0.027	0.027	0.030
R^2_Adj	0.0100	0.0217	0.0214	0.0234
F	8.198	1.701	1.591	1.497
Hausman_chi2	—	49.44 ***	51.99 ***	51.99 ***
Overid_chi2	—	28.494 ***	31.294 ***	32.778 ***

注：表中数据为各自变量的回归系数，括号内为 T 值，***、**、* 分别表示 1%、5%、10% 的显著性水平。

表 4 -5 列示了固定效应模型回归结果。表 4 -5 模型 2 固定效应模型回归结果表明，公众参与和企业环保投资规模在 5% 显著性水平上正相关，该结果验证了本章的假设 H4 -1，即公众参与度越高越有利于促进企业环保投资规模，公众参与是影响企业环保投资的重要外部因素。表 4 -5 模型 4 加入了交乘项 PP × State 之后的固定效应模型回归结果表明，公众参与度和企业环保投资规模在 5% 显著性水平上

正相关。交乘项 PP × State 与企业环保投资规模在 5% 显著性水平上负相关，该结果说明，国有企业弱化了公众参与度对企业环保投资规模的正向影响，验证了本章假设 H4 - 2。

四、公众参与、产权性质与企业前瞻性环保投资

为了进一步检验公众参与度对企业不同类型环保投资行为的影响，以及企业产权性质对公众参与度和企业不同类型环保投资行为关系的调节作用，本章根据企业环保投资的内容结构和行为特征，将其分为企业前瞻性环保投资（PEI）和企业治理性环保投资（GEI）。具体而言，企业前瞻性环保投资具有预防性特征，包括企业从源头上避免或减少污染物产生而进行的环保投资，也包括为了降低对环境影响而发生的新增投资，其目的在于真实反映出企业为了满足多样化的环境保护要求而进行的投资，具体包括环保产品及环保技术的研发与改造投资项目，环保设施及系统购置与改造投资项目，清洁生产类投资项目。企业治理性环保投资具有滞后性特征，主要针对企业排放的废水、废气、废渣进行的污染源治理性投资，同时也包括企业为了实施废物回收、封存、再利用、综合整治而发生的投资，具体包括污染治理技术研发与改造投资项目，污染治理设备及系统购置与改造投资项目。从表 4 - 6 的 M - W 检验和 K - S 检验的非参数检验可以看出，企业前瞻性环保投资规模与在企业治理性环保投资规模不同产权性质之间具有明显的差异。

表 4 - 6　　企业不同类型环保投资规模的非参数检验结果

分组变量	分析变量	Mann - Whitney 检验		Kolmogorov - Smirnov Z 检验	
		Z 值	显著性	Z 值	显著性
State	PEI	8.928	0.0000	0.2137	0.0000
	GEI	1.983	0.0474	0.0794	0.0320

因为环境污染的负外部性特征使公众成为污染的直接受害者，公众对污染具有最直观的感受。公众更关注日常使用的消费品，如新能源汽车、LED 节能灯、可降解餐盒、太阳能等环境友好型产品和材料。根据 2011 ~ 2017 年百度指数整体趋势分析，对关键字“新能源”的关注度最高周平均值为 2049，而对关键字“雾霾”的关注度最高周平均值达到 92591，可见公众对污染更为敏感，正是因为公众的健康和生活的环境受环境污染的影响较大，他们更希望企业采取积极主动的态度进行具有预防性特征的前瞻性环保投资，进行事前预防而不是事后治理。这增加了公众对企业前瞻性环保投资的期望值，企业为了满足公众期望，基于道德动机进行企业前瞻性环保投资。同时，企业前瞻性环保投资更多地作用于企业绿色产品、技术和工艺，不仅可以降低企业环境违规成本，也可以树立绿色形象增加企业绿色核心竞争力，公众参与度越高越有利于企业通过前瞻性环保投资实现其直接经济利益和间接经济利益。因此，公众参与度对企业前瞻性环保投资有正向影响。从表 4 - 7 模型 5 的回归结果显示，公众参与度和企业前瞻性环保投资规模在 5% 显著性水平上正相关，说明公众参与度越高越能促进企业前瞻性环保投资规模，公众参与度是影响企业前瞻性环保投资的重要外部因素。

表 4 - 7　公众参与、产权性质与企业不同类型环保投资的多元回归结果

变量	企业前瞻性环保投资			企业治理性环保投资		
	模型 5	模型 6	模型 7	模型 8	模型 9	模型 10
PP	0.001 ** (2.08)	0.001 ** (2.06)	0.002 ** (2.42)	-0.000 (-0.02)	-0.000 (-0.03)	0.000 (0.25)
State		-0.006 (-0.60)	-0.005 (-0.56)		-0.000 (-0.21)	-0.000 (-0.19)
PP × State			-0.002 ** (-2.04)			-0.000 (-0.40)
Roe	0.000 (1.55)	0.000 (1.55)	0.000 (1.57)	0.000 (0.41)	0.000 (0.40)	0.000 (0.41)

续表

变量	企业前瞻性环保投资			企业治理性环保投资		
	模型 5	模型 6	模型 7	模型 8	模型 9	模型 10
Lev	-0.033* (-1.83)	-0.033* (-1.82)	-0.031* (-1.73)	-0.000 (-0.02)	-0.000 (-0.01)	-0.000 (-0.00)
Flow	0.005 (0.29)	0.005 (0.31)	0.006 (0.34)	0.001 (0.17)	0.001 (0.16)	0.001 (0.17)
Cost	0.041 (0.55)	0.041 (0.56)	0.050 (0.69)	0.023 (0.85)	0.023 (0.83)	0.023 (0.84)
Balance	0.000 (0.22)	0.000 (0.21)	0.000 (0.21)	-0.000 (-0.77)	-0.000 (-0.77)	-0.000 (-0.76)
Growth	0.000 (0.39)	0.000 (0.42)	0.000 (0.39)	0.000 (1.63)	0.000 (1.64)	0.000 (1.61)
Size	-0.006* (-1.82)	-0.006* (-1.83)	-0.006* (-1.91)	-0.007*** (-2.94)	-0.007*** (-2.93)	-0.007*** (-2.90)
Gov	0.330 (1.31)	0.326 (1.35)	0.315 (1.30)	-0.073 (-0.77)	-0.072 (-0.76)	-0.072 (-0.76)
AL	-0.000 (-0.47)	-0.000 (-0.51)	-0.000 (-0.71)	-0.000 (-0.76)	-0.000 (-0.76)	-0.000 (-0.76)
EC	0.028 (0.60)	0.029 (0.61)	0.020 (0.45)	-0.014 (-0.50)	-0.013 (-0.49)	-0.014 (-0.53)
Sortmgdp	0.002*** (2.59)	0.002*** (2.59)	0.002*** (2.64)	-0.001 (-1.55)	-0.001 (-1.53)	-0.001 (-1.53)
常数项	0.135* (1.86)	0.139* (1.89)	0.142* (1.95)	0.179*** (3.13)	0.179*** (3.12)	0.178*** (3.09)
N	1286	1286	1286	1243	1243	1243
R^2	0.066	0.067	0.071	0.054	0.054	0.055
R^2_Adj	0.0572	0.0571	0.0603	0.0452	0.0445	0.0439
F	2.407	2.224	2.093	1.255	1.159	1.129

注：表中数据为各自变量的回归系数，括号内为 T 值，***、**、* 分别表示 1%、5%、10% 的显著性水平。

Boardman 和 Vining（1989）实证检验了私营企业、混合所有制企业和国有企业在竞争环境下企业绩效的表现差异，结果显示，适应企业在资产回报率、销售回报率和净资产收益率等方面的企业绩效表现均好于混合所有制企业和国有企业。也有学者认为，政府干预给国有企业带来的冗员负担，减弱了高管与企业业绩之间的关联性（张敏等，2013）。因此，即使企业前瞻性环保投资能够给企业带来价值增值，对国有企业而言却是不敏感的。由于有较强的政治关联保护，因此国有企业受公众参与方式的影响程度较小。

在资源获取方面，非国有企业与国有企业存在较大的差异。我国学者刘星河（2016）从企业融资行为的角度，采用事件研究法证明了非国有重污染企业在公共压力发生变化后，获得更少的债务融资且付出更高的债务成本。由此可见，非国有企业有更强烈的动机对公众参与作出积极回应，以达到获取政治资源、减少环保风险的目的。

从表4－7模型7的回归结果显示，加入交乘项PP×State后，PP与企业前瞻性环保投资规模仍然在5%显著性水平上正相关，交乘项PP×State与企业前瞻性环保投资规模在5%显著性水平上负相关，说明相较于非国有企业而言，国有企业弱化了公众参与对企业前瞻性环保投资的正向影响。

五、公众参与、产权性质与企业治理性环保投资

企业治理性环保投资最大特点是对于已经发生的污染进行事后治理，而公众是企业环境污染行为的直接受害者，对企业污染行为较为敏感，对企业采取污染治理措施，降低污染排放物有较高期望。但是，当企业治理性环保投资额高于违规成本时，公众参与并不能激发企业充分考虑公众对企业的污染治理期望，企业逐利的经济动机更明显。当企业治理性环保投资额低于违规成本时，公众参与才能对企业产生约束。而事实上，不论是购买治理设备或系统，还是对“三废”进行处理的企业治理性环保投资额往往远高于违规成本，公众参与对企业的治理性环保投资行为约束效力有限。表4－7模型8的回归结

果显示，公众参与和企业治理性环保投资规模负相关，但不显著。固定效应模型回归结果支持了上述论断。

公众参与对企业的治理性环保投资行为约束效力有限的原因可能也受公众自身知识水平的限制，因为普通公众很难将日常现实与抽象的环境政策概念联系起来，这降低了公众参与的水平。制造业行业具有较强的行业特性，政府根据不同企业的排污特点，制定了相应的排污标准和相关法规，例如，2009 年 5 月 1 日起至 2011 年 7 月 1 日对造纸企业水污染物排放浓度限值，其中要求企业废水总排放口的化学需氧量的限值为 100（CODcr，mg/L）、五日生化需氧量的限值为 30（BOD5，mg/L），参照标准均具有较强的专业性。可见，碍于公众参与水平受到获取环境信息和对环境信息解读能力（Jöborn et al.，2005）的限制，这将弱化公众参与对治理性环保投资的影响。

另外，企业治理性环保投资和企业前瞻性环保投资在内容和性质上存在本质的差异。从创新补偿角度来看，企业治理性环保投资产生的经济价值非常低，国有企业和非国有企业在很大程度上都是基于国家的环境规制压力进行治理性环保投资，两者不具有显著差异。因此，产权性质对公众参与度和企业治理性环保投资之间关系的影响不显著。从表 4－7 模型 10 的回归结果显示，加入交乘项 PP × State 后，交乘项 PP × State 和公众参与度 PP 均对企业治理性环保投资规模没有显著影响，该结果验证上述论断。

六、稳健性检验

（一）指标替代

本章采用地区人口总数（地区来信总数＋来访总数＋承办的人大建议数＋承办的政协提案数）作为公众参与度的替代变量；使用“企业环保投资总额/平均总资产”替代 EI 来衡量企业环保投资规

模，稳健性检验结果如表4-8所示，公众参与、企业产权和企业不同类型环保投资的稳健性检验结果如表4-9和表4-10所示。

表4-8 公众参与、产权性质与企业环保投资的稳健性检验结果（指标替代）

变量	使用NPP替代原PP		使用"企业环保投资总额/平均总资产"替代原EI	
NPP	0.040* (1.83)	0.101** (2.49)	0.001* (1.86)	0.001** (2.10)
State		-0.002 (-0.31)		-0.002 (-0.24)
NPP×State		-0.111** (-2.54)		-0.001* (-1.87)
Roe	0.000 (1.28)	0.000 (1.24)	0.000 (1.38)	0.000 (1.36)
Eps	-0.014 (-1.17)	-0.012 (-1.04)	-0.016 (-1.17)	-0.015 (-1.10)
Lev	-0.000 (-0.04)	0.000 (0.00)	0.001 (0.08)	0.001 (0.11)
Flow	0.028 (0.65)	0.031 (0.71)	0.031 (0.63)	0.034 (0.71)
Cost	-0.001 (-0.97)	-0.001 (-0.93)	-0.001 (-1.36)	-0.001 (-1.33)
Balance	0.000 (0.82)	0.000 (0.74)	0.000 (1.15)	0.000 (1.10)
Growth	0.040* (1.83)	0.101** (2.49)	0.000 (1.27)	0.000 (1.36)
Size	-0.006*** (-2.70)	-0.006*** (-2.59)	-0.009*** (-3.60)	-0.009*** (-3.54)
Gov	0.130 (0.65)	0.126 (0.63)	0.128 (0.58)	0.123 (0.56)
AL	-0.000 (-0.33)	-0.000 (-0.58)	-0.000 (-0.24)	-0.000 (-0.41)
EC	0.011 (0.33)	-0.003 (-0.09)	0.000 (0.00)	-0.007 (-0.18)

续表

变量	使用 NPP 替代原 PP		使用“企业环保投资总额/平均总资产”替代原 EI	
Sortmgdp	0.001 (0.78)	0.001 (0.77)	0.001 (0.91)	0.001 (0.91)
常数项	0.151 *** (2.91)	0.148 *** (2.78)	0.223 *** (3.76)	0.223 *** (3.67)
N	2114	2114	2114	2114
R^2	0.027	0.031	0.038	0.041
R^2_Adj	0.0210	0.0248	0.0330	0.0344
F	1.598	1.608	2.491	2.140

注：表中数据为各自变量的回归系数，括号内为 T 值，***、**、* 分别表示 1%、5%、10% 的显著性水平。

表 4－9　公众参与、产权性质与企业前瞻性环保投资的稳健性检验结果（指标替代）

变量	使用 NPP 替代原 PP		使用“企业前瞻性环保投资总额/平均总资产”替代原 PEI	
NPP	0.061 * (1.77)	0.142 *** (2.60)	0.001 ** (2.00)	0.002 ** (2.37)
State		-0.005 (-0.57)		-0.004 (-0.43)
NPP × State		-0.162 *** (-2.69)		-0.002 ** (-2.07)
Roe	0.000 (1.59)	0.000 (1.59)	0.000 * (1.72)	0.000 * (1.75)
Lev	-0.033 * (-1.83)	-0.030 * (-1.68)	-0.033 (-1.62)	-0.031 (-1.52)
Flow	0.004 (0.26)	0.006 (0.34)	0.005 (0.26)	0.006 (0.31)
Cost	0.040 (0.54)	0.051 (0.70)	0.040 (0.49)	0.050 (0.61)
Balance	0.000 (0.22)	0.000 (0.20)	-0.000 (-0.26)	-0.000 (-0.27)

续表

变量	使用 NPP 替代原 PP		使用"企业前瞻性环保投资总额/平均总资产"替代原 PEI	
Growth	0.000 (0.40)	0.000 (0.36)	0.000 (0.42)	0.000 (0.41)
Size	-0.006** (-2.01)	-0.007** (-2.04)	-0.010** (-2.51)	-0.010** (-2.58)
Gov	0.325 (1.28)	0.315 (1.30)	0.323 (1.20)	0.308 (1.18)
AL	-0.000 (-0.30)	-0.000 (-0.67)	-0.000 (-0.37)	-0.000 (-0.61)
EC	0.041 (0.87)	0.018 (0.41)	0.030 (0.58)	0.021 (0.43)
Sortmgdp	0.002*** (2.60)	0.002*** (2.65)	0.002** (2.45)	0.003** (2.49)
常数项	0.144** (2.04)	0.147** (2.07)	0.213** (2.56)	0.220*** (2.63)
N	1286	1286	1286	1286
R^2	0.064	0.072	0.073	0.077
R^2_Adj	0.0555	0.0620	0.0641	0.0669
F	2.325	2.102	2.618	2.310

注：表中数据为各自变量的回归系数，括号内为 T 值，***、**、*分别表示 1%、5%、10%的显著性水平。

表 4-10　公众参与、产权性质与企业治理性环保投资的稳健性检验结果（指标替代）

变量	使用 NPP 替代原 PP		使用"企业治理性环保投资总额/平均总资产"替代原 GEI	
NPP	-0.002 (-0.17)	0.012 (0.39)	-0.000 (-0.10)	0.000 (0.42)
State		-0.000 (-0.19)		-0.003 (-0.68)
NPP × State		-0.020 (-0.63)		-0.000 (-0.65)
Roe	0.000 (0.41)	0.000 (0.42)	0.000 (0.46)	0.000 (0.44)

续表

变量	使用 NPP 替代原 PP		使用“企业治理性环保投资总额/平均总资产”替代原 GEI	
Lev	-0.000 (-0.01)	0.000 (0.00)	-0.001 (-0.12)	-0.000 (-0.06)
Flow	0.001 (0.17)	0.001 (0.17)	0.003 (0.37)	0.003 (0.33)
Cost	0.023 (0.85)	0.023 (0.84)	0.039 (1.10)	0.037 (1.10)
Balance	-0.000 (-0.77)	-0.000 (-0.77)	-0.001 (-0.93)	-0.001 (-0.92)
Growth	0.000 (1.63)	0.000 (1.59)	0.000* (1.68)	0.000* (1.66)
Size	-0.007*** (-2.95)	-0.007*** (-2.90)	-0.010*** (-3.22)	-0.010*** (-3.20)
Gov	-0.073 (-0.77)	-0.072 (-0.76)	-0.067 (-0.63)	-0.059 (-0.56)
AL	-0.000 (-0.77)	-0.000 (-0.79)	-0.000 (-0.80)	-0.000 (-0.83)
EC	-0.013 (-0.49)	-0.015 (-0.57)	-0.019 (-0.63)	-0.020 (-0.69)
Sortmgdp	-0.001 (-1.55)	-0.001 (-1.54)	-0.001 (-1.41)	-0.001 (-1.36)
常数项	0.180*** (3.13)	0.178*** (3.09)	0.235*** (3.34)	0.235*** (3.32)
N	1243	1243	1243	1243
R^2	0.054	0.055	0.068	0.070
R^2_Adj	0.0452	0.0442	0.0593	0.0591
F	1.253	1.159	1.246	1.136

注：表中数据为各自变量的回归系数，括号内为T值，***、**、*分别表示1%、5%、10%的显著性水平。

（二）增加变量

增加控制变量，增加了表示投资机会的市盈率、表示盈利能力的每股收益、表示企业治理因素的机构投资者持股比例。公众参与、企业产权和企业不同类型环保投资的稳健性检验结果如表4－11所示。

表4－11　公众参与、产权性质与企业不同类型环保投资的稳健性检验结果（增加变量）

变量	企业环保投资		企业前瞻性环保投资		企业治理性环保投资	
NPP	0.001** (2.00)	0.001** (2.16)	0.001** (2.12)	0.002** (2.52)	-0.000 (-0.09)	0.000 (0.43)
State	0.005 (1.27)	0.005 (1.36)	0.003 (0.52)	0.004 (0.61)	-0.003 (-0.53)	-0.002 (-0.53)
NPP × State		-0.001* (-1.80)		-0.002** (-2.09)		-0.000 (-0.67)
Roe	0.000 (0.62)	0.000 (0.56)	0.000 (1.03)	0.000 (1.04)	0.000 (1.02)	0.000 (1.02)
Eps	0.002 (0.33)	0.002 (0.37)	-0.005 (-0.50)	-0.005 (-0.47)	-0.003 (-0.62)	-0.003 (-0.61)
Lev	-0.021* (-1.75)	-0.020* (-1.67)	0.043** (-2.37)	-0.041** (-2.26)	-0.001 (-0.16)	-0.001 (-0.14)
Flow	0.010 (0.84)	0.010 (0.86)	0.024 (1.36)	0.024 (1.40)	0.002 (0.23)	0.002 (0.24)
Cost	0.037 (0.79)	0.040 (0.87)	0.061 (0.75)	0.070 (0.89)	0.036 (1.01)	0.036 (1.03)
Balance	-0.001 (-0.61)	-0.001 (-0.59)	0.001 (0.56)	0.001 (0.55)	-0.000 (-0.52)	-0.000 (-0.51)
Growth	0.002 (0.89)	0.002 (0.86)	0.004 (1.28)	0.004 (1.24)	0.000 (0.21)	0.000 (0.20)
Size	-0.011*** (-3.81)	-0.011*** (-3.80)	-0.010*** (-2.59)	-0.010*** (-2.67)	-0.011*** (-2.99)	-0.011*** (-2.95)
Gov	-0.081 (-0.47)	-0.086 (-0.50)	0.111 (0.60)	0.095 (0.51)	-0.115 (-1.07)	-0.115 (-1.07)
AL	0.000 (0.07)	-0.000 (-0.11)	0.000 (0.08)	-0.000 (-0.14)	-0.000 (-0.69)	-0.000 (-0.75)
EC	0.003 (0.07)	-0.004 (-0.11)	0.026 (0.48)	0.015 (0.30)	-0.021 (-0.69)	-0.022 (-0.77)
Sortmgdp	0.001 (0.71)	0.001 (0.70)	0.002** (2.40)	0.002** (2.43)	-0.001 (-1.43)	-0.001 (-1.43)

续表

变量	企业环保投资		企业前瞻性环保投资		企业治理性环保投资	
PE	-0.000 (-0.16)	-0.000 (-0.16)	0.000 (0.19)	0.000 (0.18)	-0.000* (-1.67)	-0.000* (-1.68)
Share_ins	0.000*** (2.84)	0.000*** (2.82)	0.000*** (2.91)	0.000*** (2.91)	0.000 (1.22)	0.000 (1.21)
常数项	0.250*** (3.88)	0.247*** (3.86)	0.219** (2.54)	0.223*** (2.61)	0.258*** (3.14)	0.255*** (3.10)
N	2095	2095	1272	1272	1233	1233
R^2	0.048	0.050	0.090	0.094	0.074	0.075
R^2_Adj	0.0404	0.0422	0.0784	0.0821	0.0623	0.0622
F	2.421***	2.288***	2.607***	2.512***	1.489***	1.414***

注：表中数据为各自变量的回归系数，括号内为T值，***、**、*分别表示1%、5%、10%的显著性水平。

（三）抽样检验

通过从总体样本中随机抽取70%的样本，并用Roa代替Roe来表示企业业绩，用资产周转率代替管理费用率来表示企业代理成本。依然使用固定效应模型回归，稳健性检验结果，公众参与、产权性质和企业不同类型环保投资的稳健性检验结果如表4-12所示。

表4-12　公众参与、产权性质与企业不同类型环保投资的稳健性检验结果（抽样检验）

变量	企业环保投资	企业前瞻性环保投资	企业治理性环保投资
NPP	0.002** (2.08)	0.002** (2.27)	0.001 (0.82)
State	0.006 (0.96)	0.007 (1.07)	-0.005 (-0.65)
NPP × State	-0.002* (-1.93)	-0.003** (-2.22)	-0.001 (-0.85)
Roa	0.000 (0.03)	0.000 (0.28)	0.000 (0.21)

续表

变量	企业环保投资	企业前瞻性环保投资	企业治理性环保投资
Eps	-0.002 (-0.20)	0.005 (0.57)	-0.001 (-0.18)
Lev	-0.029* (-1.74)	-0.013 (-0.43)	0.000 (0.02)
Flow	0.022 (1.23)	0.013 (0.45)	-0.011 (-1.02)
Turn	-0.000 (-0.09)	-0.010 (-1.12)	-0.004 (-1.32)
Balance	-0.001 (-1.07)	0.000 (0.03)	-0.001 (-1.46)
Growth	0.004 (1.21)	0.009** (1.98)	0.002 (0.75)
Size	-0.013*** (-3.03)	-0.010* (-1.66)	-0.013*** (-3.24)
Gov	0.001 (-0.46)	-0.002 (-1.00)	-0.001 (-1.17)
AL	-0.000 (-0.13)	-0.001 (-1.45)	-0.001*** (-2.60)
EC	-0.020 (-0.40)	0.007 (0.13)	-0.055 (-1.15)
Sortmgdp	0.001 (0.55)	0.003** (2.29)	-0.001* (-1.68)
PE	0.000 (0.08)	-0.000 (-1.41)	-0.000* (-1.83)
Share_ins	0.000** (2.50)	0.000* (1.72)	0.000 (1.08)
常数项	0.317*** (3.62)	0.244* (1.90)	0.339*** (3.66)
N	1481	875	872
R^2	0.085	0.088	0.127
R^2_Adj	0.0740	0.0702	0.110
F	2.179***	1.725***	1.811***

注：表中数据为各自变量的回归系数，括号内为T值，***、**、*分别表示1%、5%、10%的显著性水平。

通过以上程序，再次对固定效应模型进行回归检验，其检验结果与前面的研究结论基本一致，企业规模与企业不同类型环保投资规模的相关性非常显著，该结果与问文等（2015）的研究结果一致。除此之外，人均 GDP 排名仅与企业前瞻性环保投资规模有显著相关性，说明企业前瞻性环保投资行为受到地区经济发展水平的影响，经济增长为企业提供良好的经济环境，推动企业前瞻性环保投资（Eyraud et al.，2013；高麟和胡立新，2017）。机构投资者的持股比例与企业环保投资规模和企业前瞻性环保投资规模有显著相关性，说明我国机构投资者在上市企业的环保投资决策中构成重要影响。

所不同的是，部分解释变量在模型中的显著性存在细微变化，但是不影响本章的整体研究结论，本章中的假设得到统计验证，故研究结论较为可靠。

第五节　研究结论与启示

一、研究结论

本章基于 Schwartz 和 Carroll（2003）的企业社会责任三领域模型理论、资源基础观和利益相关者理论，并利用 2008～2015 年沪深两市 A 股制造业上市公司的样本数据，从不同维度探讨了公众参与、产权性质与企业环保投资的关系。研究发现：若将企业环保投资作为单维构念，那么公众参与度与企业环保投资规模正相关；与非国有企业相比，国有企业弱化了公众参与度与企业环保投资规模的正相关关系。若将企业环保投资作为多维构念，那么公众参与度与企业前瞻性环保投资规模正相关，但是公众参与度与企业治理性环保投资规模的相关性不显著；国有企业弱化了公众参与度与企业前瞻性环保投资规模的正相关关系，但是对公众参与度与企业治理性环保投资规模的关系没有调节作用。上述结果说明，公众参与作为一种自下而上的外部监督力量能对企业环保投资决策产生重要影响，但公众参与效力受到产权性质和企业环保投资内容的影响。

二、启示

公众参与作为“开门”式的方法，对企业而言既是一种能够发挥监督作用的软约束，也是一种市场拉动力量，能够促进企业环保投资，特别是对企业前瞻性环保投资有显著影响。第一，我国政府应健全公众参与制度、拓宽公众参与渠道、积极对公众参与环境问题做出回应；第二，政府应正确引导国有企业投资行为；以及从金融和税收等方面建立长效机制鼓励非国有企业积极的环保投资行为；第三，公众应加强主人翁意识和环保责任感，自觉地进行环保知识学习，提高对环境信息的解读能力和参与水平。

外部监督、内部治理与企业环保投资
Chapter 5

第五章 绿色形象、公众关注度与企业环保投资

第一节　引言

自改革开放以来，我国经济与社会取得了巨大的进步，但伴随着严重的环境污染问题，危及自然生态的平衡和人民群众的健康的事件时有发生。2005 年国务院发布的《关于落实科学发展观加强环境保护的决定》将过去“环境保护与经济、社会发展相协调”转变为“经济、社会发展与环境保护相协调”，这是“经济优先”向“环境优先”的战略性转变。2013 年党的十八大报告明确了“坚持节约优先、保护优先、自然恢复为主”的环保优先指导方针。2015 年党的十八届五中全会又提出“创新、协调、绿色、开放、共享”的发展理念，为我国经济发展描绘了崭新路径。2017 年党的十九大报告提出，中国特色社会主义进入新时代，并将绿色发展置于突出位置，拉开了绿色发展新时代的序幕。绿色发展新时代的到来，给企业的生存发展带来了挑战，企业必须跳出传统工业时代旧的思维模式，虽然转变原有“高资源消耗、高环境损耗、高碳排放”的旧思维需要付出代价，但是也带来了巨大的机遇，例如，随着收入水平的提高，消费者的消费偏好发生了变化，绿色市场迅速扩大。另外，随着国家实力大幅增强，国家有心也有力推动绿色发展，不仅设立了多项中央财政环保专项资金，也制定了多项环境保护的优惠税收和金融政策，为企业绿色转型提供强有力的支持。绿色经济发展是中国企业未来生产经营的基本方向和基本途径，具有巨大的发展空间。

国家为了促进企业加强自身污染防治，制定了一系列针对企业的环境保护法律法规，在“绿色信贷”“绿色保险”之后又提倡“绿色证券”，如环保部分别于 2008 年和 2010 年发布的《关于加强上市公司环保监管工作指导意见》和《关于进一步严格上市环保核查管理制度加强上市公司环保核查后督察工作的通知》，赋予了环保部门对环境不达标企业的上市否决权，并强制要求上市企业公开有关环境信息，一旦上市公司有关环境违法违规信息披露，将对企业形象产生负面影响，降低股民对上市企业投资回报的预期，上市企业的业绩就会下降，对其污染行为起到有力的遏制作用。相反，上市企业披露较好的环境信息，树立良好的绿色形象，是否影响企业环保投资决策呢？公众是否对树立了良好绿色形象的企业环保投资行为有较大的包容度？这些都是本章着重讨论的问题。

现阶段，国内外有关环保投资的研究成果越来越丰富，逐渐从早期基于国家层面和行业层面探讨环保投资问题，向从微观层面延伸至探讨企业环保投资问题。但从企业内部因素出发对企业环保投资动机进行研究成果依然较少，仍然存在较大的研究空间。基于此，本章利用 2008 ~ 2015 年 A 股制造业进行环保投资的上市公司数据，尝试性地从绿色形象管理层面探讨企业环保投资行为，以探究企业绿色形象对企业环保投资决策行为的影响，以及公众关注度对绿色形象和企业环保投资行为的调节作用；本章可能的贡献在于：（1）丰富了企业环保投资影响因素的研究文献。一方面，将企业环保投资作为单维构念实证检验了绿色形象对企业环保投资规模的影响，以及公众关注度对绿色形象与企业环保投资规模关系的调节作用；另一方面，将企业环保投资作为多维构念，实证检验了绿色形象对企业不同类型环保投资规模的不同影响，以及公众关注度对绿色形象与企业不同类型环保投资规模关系的不同调节作用。本章是对组织内部治理因素影响企业环保投资行为研究的拓展，丰富了企业环保投资影响因素方面的文献。（2）明确了绿色形象是影响企业环保投资的重要内部因素，为企业以绿色导向模式进行生产和管理提供了新思路。企业履行环保受托责任的路径需要不断探索，寻求低成本但高效的方式是企业面临的主要问题，建立良好的绿色形象为企业实现环保目标提供了新途径，获得利益相关者的认可是推动企业可持续发展的助力。（3）明确了公众关注度对绿色形象与企业环保投资规模关系的重要调节作用，对政府加强环保宣传和环保教育，提高公众环保意识、绿色消费和绿色生活方式促进企业环保投资行为有重要借鉴意义。

第二节　理论分析与研究假设

一、绿色形象与企业环保投资

企业形象是企业综合素质的表征和反应，反映了社会公众对企业的认可程度，体现了企业的声誉和知名度，良好的企业形象是企业的宝贵财富。企业形象的巨大价值使现代企业对于自身形象的塑造予以高度重视，而不同的企业形象具有不同的特色。伴随以绿色发展为核心的绿色经济形态的兴起与发展，绿色企业形象成为新时代最佳的企业形象。它是以人类社会可持续发展为目标，注重企业的社会责任和社会效益、注重企业和社会的长远发展的另一类企业形象（朱昶，2003）。

随着市场竞争的加剧，严格的环境规制以及公众环境保护意识的不断提高，越来越多的企业致力于绿色形象的树立，谋求在行业中构建高区分度的企业形象（田虹和潘楚林，2015）。企业如果倡导生态伦理、注重环保，实施 ISO 14001 标准并通过认证，就等于向外部传递一种该企业是“善待环境”的积极信号，从而获得公众认可，树立良好的企业形象，提高企业知名度（王琪，2001）。从此意义上说，绿色形象是企业提升竞争优势的一种无形资产，“绿色”是企业进行持续创新，以及财富创造的催化剂（田虹和潘楚林，2015）。绿色形象与企业利益相关者感知息息相关（Amores - salvadóet al，2014），例如，Chou 等（2012）认为企业形象是人们对企业的理解、原则、思想、情感、思考和判断的净结果；Chen（2010）则认为绿色形象是消费者对企业环境承诺和环境问题的一系列感知，因而绿色形象也被称为“绿色企业声誉”（Kang 和 Yang，2010）。企业绿色形象的塑造，要从战略上综合考虑企业的整体“绿化”，构架绿色企业文化、树立绿色企业形象。企业管理者通过树立绿色形象来影响利益相关者对企业环保行为的看法，提高企业环境战略的可信度，提升投资者对企业前景的预期，从而获得投资者和政府等资源拥有者的支持（王霞等，2013）。因此，在相同条件下，与未树立绿色形象的企业相比，那些树立了绿色形象的企业，更有动机进行环保投资。基于此，提出假设 H5 - 1：

H5 - 1：限定其他条件，绿色形象与企业环保投资概率正相关。

如今企业环境战略扮演着越来越重要的角色（Russo et al.，1997），致力于塑造绿色形象的企业，其理念与行为符合现代社会发展的根本利益。良好的环境战略，可以激发企业的绿色创新，通过绿色创新能够更好地解决环境问题，从而实现资源节约与环境保护的目的，这不但可以提升企业在公众面前的绿色形象，也能使其获得良好口碑（田虹和潘楚林，2015）。根据创新补偿理论，企业通过绿色创新不仅能降低环境污染，提高资源利用效率，提升环境管理绩效，满足环境规制的要求，而且还可以提升产品的顾客认知度，向消费者提供绿色产品而获取更高的产品溢价来弥补环保成本，从而获得创新补偿（Chang，2011）。

在投资者眼中，我国上市公司的环保行为并不只是为了完成社会责任信息披露的政策指令而实施，而是投资者已经形成了社会环境偏好，使企业具有构建“绿色形象”的需求（崔恺媛，2017）。绿色形象对企业而言具有战略性意义，树立绿色形象是企业实施差异化战略的有效途径。而且，绿色形象的塑造是一个长期积累的过程，短期内难以模仿（Yadav et al.，2016）。如果企业致力于树立绿色形象，那么开创性的环保行为不仅使企业获得“先动优势”（Porter 和 Linde，1995），而且促使企业形成可持续发展优势（曹芳萍，2012），同时还使自然环境得到保护（Chen，2010；Robinson et al.，2011）。这既增加了绿色形象与企业经营绩效和环保绩效的关联性（Miles and Covin，2000），又增加了绿色形象与企业绿色核心竞争力的关联性（Chen，2008），使由于环境规制造成的相对要素价格上升而增加的生产成本会被由规制带来的生产率提升与经济增长所替代（Porter，1991）。

此外，绿色形象的建立是通过对环境方针、策划、实施、运行、评审等环节进行管理，建立环境管理系统的一个过程，有利于提高企业整体素质和环境管理水平，促使企业投资行为与绿色经济发展水平同步，从而实现环境优化和经济效益。因此，绿色形象是促使企业环保投资的动力源泉（Fortune et al.，2016）。基于此，提出假设 H5－2：

H5－2：限定其他条件，绿色形象与企业环保投资规模正相关。

二、公众关注度的调节作用

在生态环保问题上，中国企业深受环境规制的影响。已有研究发现，中国企业只有在严格的环境规制下才会主动进行环保投资（李永友和沈坤荣，2008；原毅军和耿殿贺，2010）。但是，环境规制具有自身的局限性，经常发生干预过度或者干预不足的“政府失灵”现象，需要社会规范等非正式制度来弥补环境规制缺陷。由于环境污染的负外部性使公众成为污染的直接受害者，公众对环境污染具有最直观的感受，对环境污染更为敏感。在绿色发展理念的推动下，公众环保意识日益提高，积极参与环境治理行动，并对企业环保投资决策产生间接或直接的影响。

公众作为环境污染的直接受害者，对企业环境行为较为敏感，期望企业采取环境保护措施对污染进行防治。一方面，公众通过企业披露的环境信息来判断企业环保责任履行情况，绿色形象也就成为企业向公众传递环保承诺的一种积极信号（Hillestad et al.，2010）；另一方面，公众对绿色业形象的反应激励企业通过塑造绿色形象来预测公众对其产品或服务的态度和行为（Han and Back，2008）。特别是在正式环境规制不足的情况下，公众关注度对企业环保态度和企业环保行为产生重要影响（张三峰和卜茂亮，2015）。

公众关注度越高，对企业环保的道德约束力越大。但是，受绿色形象的影响，公众提高了对树立绿色形象企业环保行为的包容度。当没有任何企业树立绿色形象时，公众将期望每一个企业根据“谁污染谁治理、谁开发谁保护”以及“污染者付费”的原则对环境保护做出回应。但是，当部分企业树立了绿色形象，而另一部分企业没有树立绿色形象时，公众将对树立了绿色形象的这部分企业产生更强的信任感。信任是企业的一种无形资源，能够减少企业面临的不确定性，降低企业环境保护的成本和风险，同时提高公众对企业品牌的忠诚度和满意度。更重要的是，信任能够影响公众对企业环境不当行为的包容度（Lin et al.，2014）。基于此，提出假设 H5－3：

H5－3：限定其他条件，公众关注度对绿色形象与企业环保投资规模的关系有负向调节作用。

第三节　研究设计

一、研究样本与数据来源

本章选取 2008～2015 年沪深两市 A 股制造业上市公司作为研究样本。按关键字收集上市公司环保投资数据，主要包括“环境”“绿色”“节能”“能源”“可再生”“污染”“除尘”“降噪”等与环境可持续相关的关键字，关键字覆盖技术、产品、工艺、设备、系统、治理等方面，并对某些关键字细分，如“新能源”又进一步细分为“光伏”“太阳能”“生物质”“沼气”“风电”“潮汐”等关键字，经过审核删除无关项目，保留相关项目。并对披露企业环保投资数据的上市公司进行如下筛选：（1）剔除 ST、PT 的样本公司；（2）剔除变量指标缺失的样本公司；（3）剔除西藏的样本公司，由于该地区部分指标缺失。本章共收集企业环保投资样本量 1749 个，企业前瞻性环保投资样本量 1132 个，企业治理性环保投资样本量 1044 个。由于部分企业既进行了企业前瞻性环保投资，又进行了治理性环保投资，对这部分企业环保投资额合并计算，因此企业环保投资样本量少于企业前瞻性环保投资样本量与企业治理性环保投资样本量之和。

本章数据来源途径如下：（1）企业环保投资额数据来源于 CSMAR 数据库；（2）绿色形象数据来源于中国合格评定国家认可委员会（www. cnas. org. cn）（3）公众关注度数据来源于百度指数；（4）环境规制、环境立法管制、公众参与度以及稳健性检验中的环境处罚力度和环境宣传力度数据来源于《中国环境年鉴》；（5）其他研究变量来源于 Wind 数据库。为了克服异常值对研究结论的影响，对连续变量在 1% 与 99% 分位数上进行 Winsorize 处理，所有数据处理软件为 Stata 13. 0。

二、模型设定与变量选取

使用 Logit 模型检验包括绿色形象在内的组织内外部因素对企业环保投资概率的影响，并对 Logit 模型中因变量和自变量考虑滞后一期的时间间隔和进行 Robust 异方差检验，建立模型如下：

$$\begin{aligned} LogitP_{i,t} = {} & \beta_0 + \beta_1 GIM_{i,t-1} + \beta_2 EM_{i,t-1} + \beta_3 PP_{i,t-1} + \beta_4 AL_{i,t-1} + \\ & \beta_5 Market_{i,t-1} + \beta_6 PC_{i,t-1} + \beta_7 State_{i,t-1} + \beta_8 Gov_{i,t-1} + \\ & \beta_9 Roa_{i,t-1} + \beta_{10} Lev_{i,t-1} + \beta_{11} OPP_{i,t-1} + \beta_{12} Flow_{i,t-1} + \\ & \beta_{13} Cost_{i,t-1} + \beta_{14} Share1_{i,t-1} + \beta_{15} Growth_{i,t-1} + \\ & \beta_{16} Age_{i,t-1} + \beta_{17} Size_{i,t-1} + \sum Year + \varepsilon \end{aligned} \tag{5-1}$$

为了检验绿色形象与企业环保投资规模的关系，构建模型：

$$EI_{i,t} = \beta_0 + \beta_1 GIM_{i,t-1} + \beta_2 EM_{i,t-1} + \beta_3 EC_{i,t-1} + \beta_4 Roa_{i,t-1} + \beta_5 Mshare_{i,t-1} + \beta_6 Lev_{i,t-1} + \beta_7 OPP_{i,t-1} + \beta_8 Flow_{i,t-1} + \beta_9 Cost_{i,t-1} + \beta_{10} Balance_{i,t-1} + \beta_{11} Rev_{i,t-1} + \beta_{12} Size_{i,t-1} + \beta_{13} Gov_{i,t-1} + \sum Year + \varepsilon \quad (5-2)$$

为了检验公众关注度对绿色形象与企业环保投资规模关系的调节作用，在模型（5－2）的基础上增加交乘项 GIM×PC，构建了模型：

$$EI_{i,t} = \beta_0 + \beta_1 GIM_{i,t-1} + \beta_2 PC_{i,t-1} + \beta_3 GIM_{i,t-1} \times PC_{i,t-1} + \beta_4 EM_{i,t-1} + \beta_5 EC_{i,t-1} + \beta_6 Roa_{i,t-1} + \beta_7 Mshare_{i,t-1} + \beta_8 Lev_{i,t-1} + \beta_9 OPP_{i,t-1} + \beta_{10} Flow_{i,t-1} + \beta_{11} Cost_{i,t-1} + \beta_{12} Balance_{i,t-1} + \beta_{13} Rev_{i,t-1} + \beta_{14} Size_{i,t-1} + \beta_{15} Gov_{i,t-1} + \sum Year + \varepsilon \quad (5-3)$$

前述模型（5－2）和模型（5－3）中因变量和自变量考虑滞后一期的时间间隔，较好地避免模型中的内生性问题，并对模型进行 Robust 异方差检验。

企业环保投资规模（EI）[①] 采用"投资总额/资本存量"来衡量企业环保投资规模。根据企业环保投资的内容结构，将环保投资分为环保产品及环保技术的研发与改造投资；环保设施及系统购置与改造投资；清洁生产类投资；污染治理技术研发与改造投资；污染治理设备及系统购置与改造投资。其中投资总额为当年新增环保投资总额，资本存量为平均总资产。

绿色形象（GIM）使用 ISO 14001 环境管理体系认证来衡量，ISO 14001 环境管理体系具有合法性、预防性、持续性、系统性、自愿性、可认证性和适用性等特点，该认证按照国际标准制定，获得国际认可，能够较好地衡量企业绿色形象（Chen，2009），若企业通过

① （1）企业进行环境保护而发生的其他相关支出不包括在内，如环保监察费、环保设计费、环评和能评费、厂部绿化费、环保教育及培训费用、环境管理费用等；（2）间接性支出项目不包括在内，如捐赠绿色基金费；（3）已经费用化的支出项目不包括在内，如排污和编制社会责任报告（环境报告）的费用、环境税费、排污费等。

ISO 14001 体系认证为 1，否则为 0。

公众关注度（PC）① 是指公众通过某一渠道对环境问题的关注程度。有学者使用 Google 的趋势分析中搜索功能构造公众对某一关键词的关注度（Kahn and Kotchen，2011），本章参照张三峰和卜茂亮（2015）的做法，以“环境污染”为关键词在百度指数趋势分析中检索，选取各地区各年中最高的周平均值的对数作为公众关注度的代理变量。

本章涉及的其他变量如表 5－1 所示。

表 5－1　研究变量说明

变量类型	缩写	变量名称	变量定义
被解释变量	EI	企业环保投资规模	当期新增环保投资额/平均总资产
解释变量	GIM	企业绿色形象	若通过 ISO 14001 认证为 1，否则为 0
调节变量	PC	公众关注度	以“环境污染”为关键字在百度指数检索，为地区最高周平均值的对数
控制变量	EM	环境管制强度①	当年各地区工业污染物环境管制综合指数
	EC	环保意识	地区环保宣传数/全国环保宣传总数
	PP	公众参与度	（各地区每年来信数＋来访数＋来访批次＋承办的人大建议数＋承办的政协提案数）/当地人口总数比值的标准化值② ×权重
	AL	环境立法管制	各地区累计颁布的环境法规数，参照李虹等（2016）
	Market	市场化程度	樊纲、王小鲁（2011）以及王小鲁等（2016）构建的各地区市场化指数
	State	企业产权性质	若为国有企业为 1，否则为 0
	Gov	资源获取能力	当期获得的政府补助的自然对数

① 公众关注度与公众参与度是有区别的。公众参与是一种正式环境规制，我国在《环境保护法》和《环境影响评价法》等法律法规中明确了公众参与方式，政府必须对公众来信、来访等合法参与意见做出回应。但是，公众关注度指标反映地是公众对企业环境污染行为或企业环境友好行为的直观感受，一般通过消费、舆论等市场行为对企业环境决策产生影响，是一种非正式环境规制（张三峰和卜茂亮，2015）。

续表

变量类型	缩写	变量名称	变量定义
控制变量	Roa	资产回报率	息税前利润/平均总资产
	Lev	企业债务水平	期末负债总额/期末资产总额
	Flow	经营现金流量	当期经营现金净流量/平均总资产
	OPP	投资机会	Tobin'Q 值
	Cost	代理成本	管理费用/营业收入总额
	Growth	成长能力	（期末资产 - 期初资产）/期初资产
	Rev	营业收入增长率	（期末营业收入 - 期初营业收入）/期初营业收入
	Share1	控股股东持股比例	第一大股东的持股数/总股数
	Balance	股权制衡度	第二至第五大股东持股数/总股数
	Mshare	管理层持股比例	管理层持股数/总股数
	Size	企业规模	上市公司期末总资产的自然对数
	Age	企业年龄	企业上市的年份
	Year	年份	8 年设 7 个虚拟变量

注：①具体计算过程见第三章。

②标准化过程：对人均来信数、人均来访数、人均来访批次、人均承办的人大建议数和人均承办的政协提案数进行标准化处理。$PP_{i,g}=\frac{P_{i,g}-Min(P_g)}{Max(P_g)-Min(P_g)}$（i=1，2，…，30；g=1，2，…，5），公式中 $P_{i,g}$ 为第 i 个省（市、区）第 g 类参与方式人均比值的初始值。Max（P_g）和 Min（P_g）为当年各省第 g 类参与方式人均比值的最大值和最小值。公众参与度加权的具体计算过程见第四章。

第四节　实证结果及分析

一、描述性统计

从表 5－2 研究变量的描述性统计结果来看，企业环保投资规模的最大值为 0.19929 和最小值为 0.0000，两者之间的差距较大，且企业环保投资规模的中位数小于均值，说明过半数样本公司环保投资规模低于平均水平；绿色形象的均值为0.59577，中位数为1，反映出过半数样本公司愿意塑造良好的绿色形象；公众关注度的均值为4.97584略小于中位数，说明样本较平均地分布在公众关注度较高地区和公众关注度较低地区。另外，从其他变量的描述性统计结果可以发现，样本企业较多地处于环境管制较弱的地区。其他指标的最大值和最小值的差距较大，说明样本企业在经营业绩和内部治理水平上存在较大的差异。

表5－2　　研究变量描述性统计

变量	观测值	均值	标准差	最小值	最大值	中位数
EI	1749	0.01752	0.03504	0.00001	0.19929	0.00370
GIM	1749	0.59577	0.49088	0.00000	1.00000	1.00000
PC	1749	4.97584	0.40710	4.20469	5.76205	4.93447
EM	1749	1.70472	1.25216	0.27200	6.01900	1.13300
EC	1749	0.04675	0.03880	0.00000	0.18072	0.03859
Roa	1749	6.24621	6.15957	－14.32000	30.29000	5.63000
Lev	1749	46.18654	19.87443	5.79000	96.40000	48.15000
OPP	1749	1.65591	1.22378	0.21061	7.24493	1.34760
Flow	1749	0.04562	0.07296	－0.18507	0.27747	0.04516
Cost	1749	7.80039	4.54389	1.03000	29.04000	7.12000
Balance	1749	0.76968	0.76045	0.01090	2.74755	0.36388
Mshare	1749	0.11708	0.20003	0.00000	0.69988	0.00031
Rev	1749	14.26504	26.81704	－45.31000	122.22000	11.48000
Size	1749	22.04594	1.16575	19.19192	25.55716	21.90171
Gov	1749	16.24707	1.43109	12.16629	19.85214	16.21842

从表5－3的参数检验与非参数检验结果可以看出，进行企业环保投资的企业中有超过半数的样本公司树立了良好的绿色形象，树立良好绿色形象的企业环保投资规模均值大于没有树立良好绿色形象的

均值。从 T 检验结果和 M－W 检验和 K－S 检验结果可以发现，两类公司之间的环保投资规模中位数存在显著差异。

表 5－3 企业环保投资规模的参数检验与非参数检验结果

分析变量	分组变量	变量取值	N	均值	标准差
企业环保投资	绿色形象	0	707	0.01487	0.03163
		1	1042	0.01932	0.03709
		参数与非参数检验	T 检验	M－W 检验	K－S 检验
			－2.6142***	－3.648***	0.0916***

注：***、**、* 分别表示 1%、5%、10% 显著性水平。

二、相关性分析

从表 5－4 可以看出，绿色形象与企业环保投资规模之间在 1% 显著性水平上相关，说明绿色形象对企业环保投资规模有较好的解释力；公众关注度与绿色形象和企业环保投资规模之间均在 1% 显著性水平上相关，说明绿色形象、公众关注度和企业环保投资规模之间有较好的解释力。其他变量两两之间的相关系数普遍低于 0.5，本章将在回归过程中进行 VIF 检验，进一步检验多重共线性问题。

三、回归结果分析

在表 5－5 和表 5－6 中各模型变量的 VIF 值均低于 5，说明不存在严重的多重共线性。作为参照组，表 5－5 结果的第一列列示了普通最小二乘法 OLS 的估计结果。从表 5－5 的 Logit 模型估计结果可以发现，良好绿色形象与企业进行环保投资决策的概率在 5% 显著性水平上正相关，说明在相同条件下，与未树立良好绿色形象的企业相比，树立良好绿色形象的企业更能获得投资者的支持和政府资源，增加了企业环保投资概率，本章假设 H1 获得验证。

表 5－4　研究变量相关性分析

变量	EI	GIM	PC	EM	EC	Roa	Lev	Opp	Flow	Cost	Balance	Mshare	Rev	Size	Gov
EI	1														
GIM	0.0624 ***	1													
PC	0.0788 ***	0.1855 ***	1												
EM	-0.0870 ***	-0.0985 ***	-0.5556 ***	1											
EC	0.0348	0.0101	0.3948 ***	-0.3480 ***	1										
Roa	0.0625 ***	0.0559 **	0.0876 ***	-0.0264	0.0800 ***	1									
Lev	-0.0957 ***	-0.1061 ***	-0.2147 ***	0.1787 ***	-0.0910 ***	-0.3670 ***	1								
OPP	0.1289 ***	-0.0676 ***	0.1104 ***	-0.0454 *	0.1804 ***	0.4129 ***	-0.5047 ***	1							
Flow	-0.0321	0.0406 *	0.0423 *	-0.0229	0.0483 **	0.3617 ***	-0.1029 ***	0.1152 ***	1						
Cost	0.0596 **	-0.0355	0.0916 ***	-0.0912 ***	0.0243	-0.1117 ***	-0.2464 ***	0.2646 ***	-0.0935 ***	1					
Balance	0.0161	-0.0110	0.1855 ***	0.0414 *	0.0468 *	0.1032 ***	-0.0338	0.0532 **	-0.0898 ***	-0.0544 **	1				
Mshare	0.0914 ***	0.1042 ***	0.2594 ***	-0.1939 ***	0.0888 ***	0.1002 ***	-0.3920 ***	0.2136 ***	-0.1273 ***	0.1276 ***	0.0418 *	1			
Rev	0.1428 ***	0.0264	-0.0287	-0.0027	0.0318	0.3578 ***	-0.0223	0.1903 ***	-0.0015	-0.1388 ***	0.1541 ***	0.1078 ***	1		
Size	-0.0812 ***	0.0935 ***	-0.1362 ***	0.0605 **	-0.1134 ***	-0.0283	0.4728 ***	-0.4994 ***	0.0616 **	-0.3045 ***	0.0303	-0.3393 ***	-0.0162	1	
Gov	0.0247	0.0431 *	-0.0428 *	-0.0399 *	-0.0894 ***	-0.0064	0.2586 ***	-0.2606 ***	0.025	-0.0493 **	0.0193	-0.1942 ***	-0.0131	0.6130 ***	1

注：***、**、*分别表示1%、5%、10%显著性水平。

表 5-5　　绿色形象对企业环保投资概率影响的 Logit 检验结果

变量	OLS	Logit
GIM	0.035** (2.02)	0.146** (2.04)
EM	0.024** (2.28)	0.103** (2.30)
PP	0.013** (2.29)	0.053** (2.30)
AL	-0.004 (-0.99)	-0.015 (-0.97)
Market	0.010 (1.00)	0.042 (1.02)
PC	0.006 (0.18)	0.027 (0.18)
State	-0.051*** (-2.62)	-0.210*** (-2.58)
Gov	0.012* (1.74)	0.052* (1.75)
Roa	0.000 (0.03)	0.000 (0.06)
Lev	-0.001 (-1.59)	-0.003 (-1.61)
OPP	-0.009 (-0.94)	-0.039 (-1.00)
Flow	-0.060 (-0.50)	-0.250 (-0.50)
Cost	0.002 (0.97)	0.008 (0.96)
Share1	0.002*** (3.17)	0.008*** (3.16)
Growth	0.018 (0.95)	0.074 (0.96)
Size	0.041*** (3.44)	0.168*** (3.41)

续表

变量	OLS	Logit
Age	-0.005*** (-2.62)	-0.023*** (-2.62)
Year	控制	控制
常数项	-0.736*** (-2.68)	-5.120*** (-4.46)
N	3792	3792
R^2	0.031	0.0228
R^2_Adj	0.0250	—
F	5.467***	111.32***
VIF_MAX	3.90	—

注：***、**、*分别表示1%、5%、10%的显著性水平。

另外，从宏观因素来看，环境管制强度与公众参与度是企业环保投资概率的增函数。其中，环境管制强度和公众参与度均与企业环保投资概率在5%显著性水平上正相关。而产权性质是企业环保投资概率的减函数，产权性质与企业环保投资概率在1%显著性水平上负相关。

从企业内部因素来看，获得资源能力、第一大股东持股比例和企业规模是企业环保投资概率的增函数，获得资源能力与企业环保投资概率在10%显著性水平上正相关，第一大股东持股比例和企业规模与企业环保投资概率在1%显著性水平上正相关。而企业年龄是企业环保投资概率的减函数，企业年龄与企业环保投资概率在1%显著性水平上负相关。

从表5-6的回归结果可以发现，在控制一系列可能对企业环保投资产生影响的因素后，模型1中的绿色形象与企业环保投资规模在1%显著性水平上呈正相关关系，本章假设H5-2获得验证。从模型2的结果可以发现，公众环保关注度与企业环保投资规模负相关，但不显著。在模型3中放入交乘项GIM×PC后，GIM依然与企业环保投资在1%的显著性水平上正相关。另外，交乘项GIM×PC在5%显著性水平上与企业环保投资规模负相关，本章假设 H5－3 获得验证。说明绿色形象能够增加公众对企业环境行为的包容度，公众关注度对绿色形象与企业环保投资规模的正相关关系有负向调节作用。上述结果说明绿色形象和公众关注度是影响企业环保投资规模的重要影响因素。

表 5－6　　绿色形象、公众关注度与企业环保投资的回归检验结果

EI	模型 1	模型 2	模型 3
GIM	0.005*** (2.85)	0.005*** (2.68)	0.005*** (2.66)
PC		−0.000 (−0.07)	0.005 (1.43)
GIM × PC			−0.010** (−2.25)
EM	−0.002*** (−2.94)	−0.001* (−1.85)	−0.001* (−1.84)
EC	−0.021 (−0.69)	−0.008*** (−3.97)	−0.008*** (−4.16)
Roa	−0.000 (−0.74)	−0.000 (−1.13)	−0.000 (−1.17)
Lev	−0.000 (−0.86)	−0.000 (−0.69)	−0.000 (−0.76)
OPP	0.002* (1.70)	0.002* (1.75)	0.002* (1.67)
Flow	−0.019 (−1.37)	−0.017 (−1.26)	−0.017 (−1.25)
Cost	0.000 (1.01)	0.000 (1.11)	0.000 (1.11)
Balance	−0.000 (−0.24)	0.000 (0.15)	0.000 (0.06)
Mshare	0.005 (0.89)	−0.001 (−0.23)	−0.002 (−0.23)
Rev	0.000*** (3.85)	0.000*** (3.77)	0.000*** (3.82)

续表

EI	模型 1	模型 2	模型 3
Size	-0.002** (-2.06)	-0.001 (-1.26)	-0.001 (-1.38)
Gov	0.003*** (3.40)	0.003*** (3.29)	0.003*** (3.36)
Year	控制	控制	控制
常数项	0.018 (0.92)	0.001 (0.07)	0.004 (0.21)
N	1749	1749	1749
R^2	0.056	0.063	0.066
R^2_Adj	0.0460	0.0526	0.0550
F	4.175***	4.399***	4.445***
VIF_MAX	3.69	3.69	3.87

注：***、**、*分别表示1%、5%、10%的显著性水平。

四、绿色形象、公众关注度与企业前瞻性环保投资

为了进一步检验绿色形象对企业不同类型环保投资行为的影响，以及公众关注度对绿色形象和企业不同类型环保投资行为关系的调节作用，本章根据企业环保投资的内容结构和行为特征，将其分为企业前瞻性环保投资（PEI）和企业治理性环保投资（GEI）[①]。

企业前瞻性环保投资一般作用于企业的产品、技术、工艺和生产设备，而企业治理性环保投资一般作用于已排放的“三废”治理。由于环境污染的负外部性特征使公众成为污染的直接受害者，公众对污染具有最直观的感受，公众对污染更为敏感，公众特别关

① 企业前瞻性环保投资包括环保产品及技术研发与改造投资，环保设施及系统购置与改造投资，清洁生产类投资。企业治理性环保投资包括污染治理技术研发与改造投资，污染治理设备及系统购置与改造投资。

注树立良好绿色形象的企业的环境污染治理行为。因此，对企业治理性环保投资行为的包容度有限，而对企业前瞻性环保投资的包容度较大。因此本章认为，限定其他条件，公众关注度对绿色形象和企业前瞻性环保投资规模的关系有负向调节作用。本章利用2008～2015年沪深两市A股制造业上市公司的企业前瞻性环保投资数据进行回归检验，检验结果如表5－7所示。

表5－7　　绿色形象、公众关注度与企业不同类型环保投资的回归检验结果

变量	企业前瞻性环保投资（PEI）		企业治理性环保投资（GEI）	
	模型4	模型5	模型6	模型7
GIM	0.002 (0.79)	0.001 (0.51)	0.004*** (3.19)	0.004*** (3.12)
PC		0.016** (2.46)		0.002 (0.65)
GIM×PC		−0.019*** (−2.93)		0.000 (0.08)
EM	−0.005*** (−5.23)	−0.004*** (−3.87)	0.001* (1.73)	0.001** (1.99)
EC	−0.049 (−1.16)	−0.071 (−1.64)	−0.012 (−0.62)	−0.016 (−0.81)
Roa	−0.000 (−0.47)	−0.000 (−0.52)	−0.000 (−0.04)	−0.000 (−0.08)
Lev	−0.000 (−0.34)	−0.000 (−0.48)	−0.000 (−0.99)	−0.000 (−0.96)
OPP	0.003 (1.50)	0.003 (1.43)	0.001* (1.73)	0.001* (1.75)
Flow	0.001 (0.03)	−0.001 (−0.06)	−0.024** (−2.12)	−0.024** (−2.13)
Cost	0.000 (1.07)	0.000 (1.03)	0.000 (1.19)	0.000 (1.19)
Balance	0.000 (0.08)	0.000 (0.03)	0.001 (1.37)	0.001 (1.38)

续表

变量	企业前瞻性环保投资（PEI）		企业治理性环保投资（GEI）	
	模型 4	模型 5	模型 6	模型 7
Mshare	0.001 (0.07)	-0.001 (-0.07)	-0.001 (-0.35)	-0.002 (-0.40)
Rev	0.000*** (2.64)	0.000*** (2.76)	0.000*** (3.29)	0.000*** (3.26)
Size	-0.004*** (-2.60)	-0.004*** (-2.72)	-0.000 (-0.80)	-0.000 (-0.77)
Gov	0.003** (2.18)	0.003** (2.29)	0.001** (2.07)	0.001** (2.14)
Year	控制	控制	控制	控制
常数项	0.062** (2.48)	0.068*** (2.72)	0.002 (0.10)	0.001 (0.05)
N	1132	1132	1044	1044
R^2	0.071	0.080	0.063	0.063
R^2_Adj	0.0554	0.0623	0.0452	0.0440
F	5.274***	4.882***	3.381***	3.085***
VIF_MAX	3.21	4.26	3.23	3.25

注：***、**、*分别表示1%、5%、10%的显著性水平。

从表5-7中模型4的回归结果来看，绿色形象与企业前瞻性环保投资规模正相关，但不显著。但是，从模型5的回归结果来看，放入交乘项GIM×PC之后，绿色形象与企业前瞻性环保投资规模正相关，但不显著。公众关注度与企业前瞻性环保投资规模在5%显著性水平上正相关，交乘项GIM×PC与企业前瞻性环保投资规模在1%显著性水平上负相关，说明公众关注度对绿色形象与企业前瞻性环保投资规模的关系有负向调节作用。即与没有树立良好绿色形象的企业相比，公众能对树立良好绿色形象的企业做出回应，公众增加了对企业前瞻性环保投资行为的包容度。上述结果说明，绿色形象和公众关注度是企业前瞻性环保投资决策的重要影响因素。

五、绿色形象、公众关注度与企业治理性环保投资

企业绿色形象建立的过程是内部环境管理制度建立、完善、推广的过程，在此过程中，企业必将考虑国家环境法律制度。国家政府2007年明确了将“控制二氧化硫和化学需氧量排放量”作为“十一五”国家环保规划目标，2011年又将“主要污染排放物总量显著减少”作为“十二五”国家环保规划目标，2016年进一步将“主要污染排放物总量大幅减少”作为“十三五”国家环保规划目标。可见，国家对企业污染物排放的治理具有强制性特征和从严治理的趋势和决心。因此，本章认为绿色形象建立的过程将促进企业治理性环保投资规模。

公众是企业污染排放的直接受害者，废水、废气、废渣、噪音等污染物直接损害公众的身体健康，影响人们情绪和日常生活，因此，无论企业是否建立良好绿色形象，人们均对企业治理性环保投资有较大期望，公众对企业治理性环保投资的包容度有限。因此，本章认为在限定其他条件下，公众关注度对绿色形象与企业治理性环保投资规模关系没有显著的调节作用。

从表5-7中模型6的回归结果来看，绿色形象与企业治理性环保投资规模在1%的显著性水平上正相关，说明良好的绿色形象可以促进企业治理性环保投资规模。从模型7的回归结果来看，绿色形象与企业治理性环保投资规模在1%显著性水平上正相关，但公众关注度与企业治理性环保投资没有显著关系。模型7放入交乘项GIM×PC之后，绿色形象与企业治理性环保投资规模仍然在1%显著性水平上正相关，但交乘项GIM×PC与企业治理性环保投资规模正相关，但不显著。说明绿色形象是企业治理性环保投资决策的重要影响因素，公众关注度对绿色形象与企业治理性环保投资规模关系的调节作用不显著。

六、稳健性检验

（一）指标替代

第一，使用“企业环保投资额/期初资产总额”（NEI）代替原“企业环保投资额/平均总资产”作为企业环保投资规模的替代变量，结果如表5－8所示，企业不同类型环保投资的稳健性检验结果如表5－9和表5－10所示。

（二）增加变量

适当地在模型中添加其他可能影响企业环保投资行为的因素，如外部因素，环境处罚力度（AR）、环境法规数（AL）、市场化程度（Market）；内部治理因素，机构投资者持股比例（Inshare）、独立董事占比（DD）、控制权与所有权偏离程度（Dev），结果如表5－8所示，企业不同类型环保投资的稳健性检验结果如表5－9和表5－10所示。

表5－8　绿色形象、公众关注度与企业环保投资稳健性检验（指标替代和增加变量）

变量	使用“企业环保投资额/期初资产总额”NEI代替原EI		增加控制变量（EI）	
GIM	0.006*** (2.73)	0.005** (2.48)	0.005** (2.49)	0.005** (2.49)
PC		0.010* (1.93)		0.007 (1.56)
GIM×PC		−0.010* (−1.86)		−0.010** (−2.09)
EM	−0.003*** (−3.02)	−0.002* (−1.96)	0.000 (0.06)	−0.000 (−0.00)

续表

变量	使用“企业环保投资额/期初资产总额”NEI代替原EI		增加控制变量（EI）	
EC	-0.024 (-0.60)	-0.036 (-0.90)	-0.022 (-0.59)	-0.025 (-0.68)
Roa	-0.000 (-0.64)	-0.000 (-0.69)	-0.000 (-1.38)	-0.000 (-1.37)
Lev	-0.000 (-0.59)	-0.000 (-0.66)	-0.000 (-1.57)	-0.000 (-1.63)
OPP	0.003* (1.90)	0.003* (1.85)	0.003* (1.86)	0.003* (1.80)
Flow	-0.026 (-1.51)	-0.027 (-1.58)	-0.017 (-1.22)	-0.018 (-1.26)
Cost	0.000 (0.90)	0.000 (0.90)	0.000 (0.48)	0.000 (0.45)
Balance	-0.001 (-0.25)	-0.001 (-0.30)	-0.001 (-0.55)	-0.001 (-0.60)
Mshare	0.003 (0.43)	0.003 (0.37)	0.002 (0.24)	0.002 (0.23)
Rev	0.000*** (3.89)	0.000*** (3.97)	0.000*** (3.19)	0.000*** (3.29)
Size	-0.003** (-2.12)	-0.003** (-2.22)	-0.001 (-1.30)	-0.002 (-1.46)
Gov	0.003*** (3.30)	0.003*** (3.37)	0.003*** (3.55)	0.003*** (3.60)
AL			0.000 (0.95)	0.000 (0.85)
AR			-0.004 (-0.99)	-0.004 (-1.08)
Market			0.002** (2.21)	0.002* (1.68)
Inshare			-0.000 (-0.05)	-0.000 (-0.12)
DD			-0.002 (-0.14)	-0.003 (-0.18)

续表

变量	使用"企业环保投资额/期初资产总额"NEI代替原EI		增加控制变量（EI）	
Dev			-0.002 (-1.62)	-0.002 (-1.54)
Year	控制	控制	控制	控制
常数项	0.022 (0.93)	0.018 (0.76)	-0.009 (-0.39)	-0.004 (-0.17)
N	1749	1749	1488	1488
R^2	0.059	0.059	0.060	0.062
R^2_Adj	0.0482	0.0482	0.0435	0.0451
F	4.032***	3.851***	3.288***	3.159***

注：***、**、*分别表示1%、5%、10%的显著性水平。

表5-9　绿色形象、公众关注度与企业前瞻性环保投资稳健性检验（指标替代和增加变量）

变量	使用"企业前瞻性环保投资额/期初资产总额"NPEI代替原PEI		增加控制变量（PEI）	
GIM	0.002 (1.00)	0.002 (0.70)	0.002 (0.75)	0.002 (0.74)
PC		0.015*** (2.60)		0.012* (1.74)
GIM×PC		-0.018*** (-2.98)		-0.017** (-2.51)
EM	-0.004*** (-4.20)	-0.003*** (-3.09)	-0.004** (-2.27)	-0.004** (-2.25)
EC	-0.034 (-0.88)	-0.055 (-1.40)	-0.031 (-0.65)	-0.043 (-0.88)
Roa	-0.000 (-0.64)	-0.000 (-0.70)	-0.000 (-0.43)	-0.000 (-0.43)
Lev	-0.000 (-0.31)	-0.000 (-0.45)	-0.000 (-0.55)	-0.000 (-0.68)
OPP	0.003 (1.51)	0.003 (1.45)	0.004* (1.66)	0.003 (1.59)
Flow	0.003 (0.15)	0.001 (0.06)	0.010 (0.49)	0.010 (0.49)

续表

变量	使用“企业前瞻性环保投资额/期初资产总额”NPEI 代替原 PEI		增加控制变量（PEI）	
Cost	0.000 (1.00)	0.000 (0.96)	-0.000 (-0.01)	-0.000 (-0.08)
Balance	-0.000 (-0.16)	-0.000 (-0.21)	-0.001 (-0.39)	-0.001 (-0.43)
Mshare	0.002 (0.27)	0.001 (0.12)	-0.002 (-0.24)	-0.003 (-0.32)
Rev	0.000** (2.21)	0.000** (2.33)	0.000* (1.96)	0.000** (2.12)
Size	-0.003* (-1.81)	-0.003* (-1.94)	-0.003** (-2.11)	-0.003** (-2.27)
Gov	0.002* (1.87)	0.002** (1.99)	0.003** (2.05)	0.003** (2.12)
AL			0.000 (0.77)	0.000 (0.71)
AR			0.005 (0.67)	0.005 (0.65)
Market			0.001 (0.79)	0.001 (0.67)
Inshare			-0.000 (-0.27)	-0.000 (-0.30)
DD			0.006 (0.21)	0.006 (0.19)
Dev			-0.001 (-0.45)	-0.001 (-0.50)
Year	控制	控制	控制	控制
常数项	0.045* (1.74)	0.050** (1.98)	0.040 (1.20)	0.048 (1.45)
N	1132	1132	1003	1003
R^2	0.061	0.070	0.071	0.078
R^2_Adj	0.0441	0.0521	0.0476	0.0521
F	3.074***	3.489***	4.088***	3.875***

注：***、**、*分别表示1%、5%、10%的显著性水平。

表 5-10　绿色形象、公众关注度与企业治理性环保投资稳健性检验（指标替代和增加变量）

变量	使用"企业治理性环保投资额/期初资产总额"NGEI 代替原 GEI		增加控制变量（GEI）	
GIM	0.004*** (3.32)	0.004*** (3.25)	0.004*** (3.10)	0.004*** (3.03)
PC		0.002 (0.68)		0.003 (1.06)
GIM×PC		0.000 (0.05)		-0.001 (-0.18)
EM	0.001* (1.89)	0.001** (2.14)	0.001 (1.09)	0.001 (1.18)
EC	-0.009 (-0.48)	-0.012 (-0.67)	-0.011 (-0.48)	-0.014 (-0.61)
Roa	-0.000 (-0.28)	-0.000 (-0.32)	-0.000 (-0.04)	-0.000 (-0.08)
Lev	-0.000 (-0.90)	-0.000 (-0.87)	-0.000 (-1.10)	-0.000 (-1.13)
OPP	0.001* (1.82)	0.001* (1.84)	0.001 (1.38)	0.001 (1.39)
Flow	-0.021** (-1.98)	-0.021** (-1.98)	-0.028** (-2.25)	-0.028** (-2.26)
Cost	0.000 (1.20)	0.000 (1.21)	0.000 (1.50)	0.000 (1.49)
Balance	0.001 (1.33)	0.001 (1.33)	0.001 (1.08)	0.001 (1.12)
Mshare	-0.002 (-0.40)	-0.002 (-0.45)	0.002 (0.31)	0.001 (0.27)
Rev	0.000*** (3.20)	0.000*** (3.17)	0.000*** (3.29)	0.000*** (3.28)
Size	-0.000 (-0.76)	-0.000 (-0.73)	-0.000 (-0.56)	-0.000 (-0.62)
Gov	0.001* (1.85)	0.001* (1.92)	0.001** (2.09)	0.001** (2.24)
AL			-0.000 (-0.07)	-0.000 (-0.17)

续表

变量	使用“企业治理性环保投资额/期初资产总额”NGEI 代替原 GEI		增加控制变量（GEI）	
AR			-0.004 (-1.30)	-0.004 (-1.44)
Market			0.000 (0.43)	-0.000 (-0.07)
Inshare			0.000 (0.78)	0.000 (0.84)
DD			-0.026*** (-3.16)	-0.025*** (-3.10)
Dev			0.001 (0.76)	0.001 (0.81)
Year	控制	控制	控制	控制
常数项	0.002 (0.12)	0.001 (0.07)	0.005 (0.24)	0.007 (0.37)
N	1044	1044	927	927
R^2	0.059	0.060	0.077	0.078
R^2_Adj	0.0420	0.0408	0.0513	0.0504
F	3.355***	3.063***	2.579***	2.419***

注：***、**、*分别表示1%、5%、10%的显著性水平。

（三）工具变量法

绿色形象能够提高企业环保投资的结果，原因可能是建立良好绿色形象的企业本身就有较大的环保投资规模。因此，为了控制内生性问题，本章选择企业是否获得 ISO 9001 质量保证体系认证作为企业绿色形象的工具变量，该变量为哑变量，企业获得 ISO 9001 认证为1，否则为0。相关研究表明，企业获得 ISO 9001 认证与 ISO 14001 认证显著正相关（Nakamura et al.，2001；张三峰和卜茂亮，2015）。而 ISO 9001 认证外生于企业环境防治变量，ISO 9001 的日常管理不作用于产品的环保性能、环保技术和环保工艺创新，也不作用于企业

“三废”排放治理，Inoue 等（2013）实证研究发现 ISO 9001 认证对企业环保投资行为没有显著关系。

从表 5－11 二阶段最小二乘法结果可以发现，第一阶段 ISO 9001 认证与绿色形象的代理变量 ISO 14001 在 1% 显著性水平上正相关。弱工具变量检验结果显示，最小特征统计量远大于 10% 的沃尔德名义显著性水平，拒绝“弱工具变量”的原假设，认为不存在弱工具变量。对企业不同类型环保投资的稳健性检验结果如表 5－12 所示。

表 5－11　绿色形象、公众关注度与企业环保投资稳健性检验（工具变量法）

变量	两阶段最小二乘法		
	GIM	GIM × PC	EI
	第一阶段		第二阶段
GIM			0.010*** (3.10)
PC	0.127*** (2.85)	0.161*** (6.37)	0.010* (1.92)
GIM × PC			－0.013* (－1.90)
EM	0.003 (0.29)	－0.003 (－0.72)	－0.002** (－2.03)
EC	－0.029 (－0.10)	－0.333*** (－2.77)	－0.034 (－1.06)
Roa	0.002 (1.30)	0.000 (－0.50)	－0.000 (－0.87)
Lev	－0.002*** (－3.69)	0.000 (0.23)	－0.000 (－0.56)
OPP	－0.035*** (－2.90)	－0.010* (－1.95)	0.002* (1.80)

续表

变量	两阶段最小二乘法		
	GIM	GIM × PC	EI
	第一阶段		第二阶段
Flow	0.097 (0.67)	0.090 (1.46)	−0.020 (−1.45)
Cost	0.000 (−0.04)	0.001 (0.84)	0.000 (1.19)
Balance	−0.038 (−1.49)	−0.009 (−0.96)	−0.001 (−0.28)
Mshare	0.089 * (1.70)	0.046 ** (2.23)	0.005 (0.81)
Rev	0.000 (1.12)	0.000 (0.53)	0.000 *** (3.92)
Size	0.048 *** (3.53)	−0.016 *** (−2.89)	0.003 *** (−2.60)
Gov	−0.016 * (−1.82)	0.002 (0.54)	0.003 *** (3.63)
IV_ISO9001	0.568 *** (26.02)	0.019 ** (2.02)	0.010 *** (3.10)
IV_ISO9001 × PC	0.099 ** (2.14)	0.616 *** (21.45)	0.010 * (1.92)
Year	控制	控制	控制
常数项	−0.473 * (−1.82)	0.388 *** (3.54)	0.018 (0.93)
N	1749	1749	1749
R^2	0.3782	0.7512	0.053
R^2_Adj	0.3706	0.7482	0.0415
F	75.11 ***	156.32 ***	88.38 ***

注：***、**、* 分别表示 1%、5%、10% 的显著性水平。

表 5-12　绿色形象、公众关注度与企业不同类型环保投资稳健性检验（工具变量）

变量	两阶段最小二乘法			
	企业前瞻性环保投资（PEI）		企业治理性环保投资（GEI）	
GIM	0.001 (0.31)	0.001 (0.21)	0.011*** (4.69)	0.011*** (4.72)
PC		0.014* (1.80)		0.003 (1.18)
GIM × PC		-0.019** (-1.97)		-0.006 (-1.32)
EM	-0.005*** (-5.22)	-0.005*** (-4.07)	0.001** (1.98)	0.001 (1.63)
EC	-0.048 (-1.17)	-0.069 (-1.58)	-0.014 (-0.71)	-0.016 (-0.78)
Roa	-0.000 (-0.46)	-0.000 (-0.52)	-0.000 (-0.40)	-0.000 (-0.51)
Lev	-0.000 (-0.36)	-0.000 (-0.42)	-0.000 (-0.44)	-0.000 (-0.51)
OPP	0.003 (1.50)	0.003 (1.36)	0.002** (2.52)	0.002** (2.49)
Flow	0.001 (0.03)	0.003 (0.14)	-0.027** (-2.34)	-0.027** (-2.33)
Cost	0.000 (1.06)	0.000 (1.20)	0.000 (1.33)	0.000 (1.30)
Balance	0.000 (0.09)	0.000 (0.03)	0.001 (1.50)	0.001 (1.35)
Mshare	0.001 (0.07)	0.001 (0.08)	-0.004 (-0.90)	-0.003 (-0.73)
Rev	0.000*** (2.66)	0.000*** (2.81)	0.000*** (3.36)	0.000*** (3.30)
Size	-0.004*** (-2.62)	-0.004*** (-2.76)	-0.001 (-1.31)	-0.001 (-1.41)
Gov	0.003** (2.20)	0.003** (2.24)	0.001** (2.21)	0.001** (2.25)
Year	控制	控制	控制	控制

续表

变量	两阶段最小二乘法			
	企业前瞻性环保投资（PEI）		企业治理性环保投资（GEI）	
常数项	0.064 ** (2.38)	0.069 ** (2.57)	-0.003 (-0.15)	-0.001 (-0.07)
N	1132	1132	1044	1044
R^2	0.071	0.079	0.035	0.030
R^2_Adj	0.0553	0.0614	0.0157	0.0099
F	102.58 ***	105.69 ***	59.80 ***	59.40 ***

注：***、**、* 分别表示 1%、5%、10% 的显著性水平。

经过以上程序发现，稳健性检验结果与前面研究结论基本一致，尤其是绿色形象与企业环保投资规模，以及与企业治理性环保投资规模之间的相关性非常显著，交乘项 GIM × PC 与企业环保投资规模以及与企业不同类型环保投资规模之间关系也与前面保持一致。所不同的是，部分解释变量在模型中的显著性有细微变化，但是这些变化不影响本章的整体研究结论。因此，本章的研究结论较为可靠。

第五节　研究结论与启示

一、研究结论

本章基于 Schwartz 和 Carroll（2003）的企业社会责任三领域模型理论、资源基础观、自然资源基础观和利益相关者理论，从内部视角研究了微观层面企业环保投资的驱动因素。通过利用 2008～2015 年 A 股制造业上市公司数据，并运用 Logit 模型研究内外部因素对企业环保投资决策的概率影响，并运用 OLS 回归模型和调节效应模型检验了绿色形象、公众关注度和企业不同类型环保投资之间的关系。本章研究发现：

第一，绿色形象与企业环保投资的概率呈显著的正相关关系；从宏观因素来看，环境管制强度、公众参与度是企业环保投资概率的增函数。从企业内部因素来看，获得资源能力、第一大股东持股比例和企业规模是企业环保投资概率的增函数，而企业年龄是企业环保投资概率的减函数，

第二，若将企业环保投资作为单维构念，那么绿色形象对企业环保投资规模产生正向影响；公众关注度对绿色形象与企业环保投资规模之间的关系有负向调节作用。

第三，若将企业环保投资作为多维构念，那么绿色形象对企业不同类型环保投资规模产生不同的影响，绿色形象对企业治理性环保投资规模的正向影响更为显著，绿色形象与企业前瞻性环保投资规模正相关，但不显著，公众关注度对绿色形象与企业不同类型环保投资规模的关系也有不同的调节作用。其中，公众关注度对绿色形象与企业前瞻性环保投资规模的关系有负向调节作用；公众关注度对绿色形象与企业治理性环保投资规模关系的调节作用不显著，说明公众能对企业不同类型环保投资行为做出回应，绿色形象加大了公众对树立绿色形象的企业环保投资行为有较大的包容度，但包容度受到企业环保投资内容的限制。

二、启示

一方面，绿色形象是企业环保投资的重要影响因素之一，企业应积极主动获得 ISO 14001 环境管理体系认证，从而树立良好的绿色形象。第一，绿色形象有利于企业形成有别于其他企业产品或服务的独特性，有助于企业实行差异化战略，促使企业从差异化战略中提高绿色竞争力，获得新市场份额，促进企业可持续发展；第二，绿色形象影响利益相关者对企业环保不当行为的容忍度，可以有效降低企业环境声誉风险。总之，通过改善和维护企业绿色形象对企业可持续发展

具有重要影响，是企业环保投资的动力。

另一方面，公众关注度作为一种非正式环境规制对企业环境管理和环保战略产生影响。提高公众环保意识，引导公众环保消费观和环保生活观对促进企业积极主动开展环保活动有积极意义。

第六章　管理层代理成本、环保部门设置与企业环保投资

第一节　引言

2015 年党的十八届五中全会通过了《中共中央关于制定国民经济和社会发展第十三个五年规划的建议》，提出了“创新、协调、绿色、开放、共享”五大发展理念，对中国深化企业改革具有历史性意义。在当今的政治、市场和社会环境中，企业是最强大的实体，只有调动企业和企业内部人员开展环保行动，才能找到解决环境污染问题的突破口。自 2018 年 1 月 1 日起开始实行的《环境保护税》，是直接作用于企业污染排放的税法。可见，中国企业面临着越来越严格的地方政府环境管制力度和环境标准。企业如何从传统的利益最大化目标逐渐向追求利润和履行环保社会责任的双重企业目标过渡是企业需要思考的问题。近几年，学术界增加了对企业环保责任的关注度，但这些研究普遍认为我国大多数企业仍然是在环境规制压力下被动进行环保行为。企业对环保责任的履行仍然需要外部压力推动，不仅不利于实现国家绿色发展战略，也不利于企业实现自身的合法性、降低企业环境风险和实现企业可持续发展战略目标。因此，企业应从公司治理角度出发，寻求实现双重企业目标的方式。

代理成本理论（Jensen and Meckling，1976）认为，企业所有权和经营权的分离造成委托人与代理人之间存在利益冲突。这一理论的隐含假设是组织结构与代理问题无关，大多研究也都建立在一个选定的组织结构假设前提下对委托代理问题进行研讨（Eisenhardt，1989；Itoh，1991）。例如，Mackenzie（2013）研究认为企业管理层不论是出于自利动机还是无私动机，抑或是为了符合企业战略发展需要，都倾向于企业社会责任投资。Ho 等（2009）研究认为管理者环保承诺能为环保投资提供资源支持，不仅能够激发和调动员工的积极性，还能提升环保投资的整体水平。我国学者唐国平和李龙会（2013）、田双双等（2015）基于我国特殊政治和经济背景研究认为企业大股东与管理层在环保投资上缺乏积极性，两者更多地表现为“合谋”的倾向。田双双和李强（2015）研究认为管理层薪酬和持股收益与企业环保投资负相关。但是，Williamson（1985）在其出版的书中表示大部分研究避开组织结构细节来探讨企业代理问题，这是不充分的。

本章以2008～2015年中国A股制造业上市公司为样本，基于组织权变理论、代理理论、利益相关者理论对管理层代理成本与企业环保投资的关系，环保部门对管理层代理成本与企业环保投资规模关系的调节效应，以及产权性质对该调节效应的影响差异进行分析。进一步地，将企业环保投资按照内容结构和特征分为企业前瞻性环保投资和企业治理性环保投资两大类，分别对产权性质、管理层代理成本、环保部门设置与企业不同类型环保投资的关系做深入研究。本章可能的贡献在于：（1）丰富了企业环保投资影响因素及实现路径的研究文献，并拓展了相关理论。一方面，将企业环保投资作为单维构念，研究管理层代理成本对企业环保投资规模的影响，以及环保部门设置对管理层代理成本与企业环保投资规模关系的调节作用；另一方面，将企业环保投资作为多维构念，研究管理层代理成本对企业不同类型环保投资规模的不同影响，以及环保部门设置对管理层代理成本与企业不同类型环保投资规模关系的不同调节作用。通过研究企业内部治理行为对企业环保投资行为的影响，来捕捉企业内部治理的复杂性。（2）明确国有企业和非国有企业的环保责任差异，为我国国有企业改革提供借鉴，也为促进非国有企业环保投资提供新思路。

第二节　理论分析与研究假设

一、管理层代理成本与企业环保投资

代理关系是委托人授权给代理人，委托代理人履行契约的关系。

当双方都是效用最大化关系时，代理人不会总是在最好的情况下行动使委托人的利益最大化，委托人需要通过激励、约束、监督来限制代理人的异常行为（Jensen and Meckling，1976；Stein，2001）。管理层代理成本是由于管理层和股东之间的利益冲突而产生的。在代理问题上，现有文献主要围绕着管理层的私人收益和私人成本两条线对投资决策的影响机制展开研究。Jensen（1986）等学者研究认为，企业管理层为了从投资中获得私人收益，致力于“帝国建造”，企图最大化资产（Hart，1995）。企业环保投资具有投资额大、投资期限长的特点，有利于满足管理者通过扩大企业环保投资规模获得控制权收益的动机。

现有研究表明，管理层受到社会期望（何世文和崔秀梅，2014）、媒体监督（张济建等，2016；沈洪涛和冯杰，2012）、环境管制强度（唐国平等，2013）等多方利益相关者的关注和监督。在社会期望从股东利益至上转移驱动下，环境责任和环境伦理引导着企业从投资项目的环境风险与环境回报的角度做出投资决策，特别是在中国实行可持续发展战略和从严治理环境问题的法律环境下，要求企业对环境和社会影响采取措施，不断完善投资组合，加强环保性能建设。企业管理层从合法性中获得私人收益的动机增加了企业投资行为与社会价值观和社会期望保持一致的可能性。

除此之外，以利益相关者为导向的环境行为与声誉之间存在密不可分的关系（D'Souza，2016）。政府、公众、供应商等所有利益相关者的环保诉求，增加了企业管理者获得绿色声誉的动机。绿色声誉是管理者身份和能力的象征，有利于管理者在经理人市场中获得异于他人的竞争优势。企业管理层绿色声誉的动机对引导管理层长期行为有积极作用，Eisingerich 和 Bhardwaj（2011）研究表明，企业管理层的环保投资决策有助于提升其绿色声誉和维持管理层自身地位。

但是，企业环保投资属于高风险和高成本性投资，而且需要管理层付出较大努力才能实现环保投资的资本增值，企业环保投资资本增值的时效具有滞后性，当期的企业环保投资在未来的若干年才有可能收回，很可能影响管理层的当期薪酬和未来收益，因此管理层要求更高的私人收益。基于此，提出假设 H6 - 1：

H6 - 1：限定其他条件，管理层代理成本与企业环保投资规模正相关。

二、环保部门设置的调节效应

组织权变理论认为企业组织设计需要根据所处的外部环境的变化而变化，任何企业都不可能处于稳定的环境中，即使是在市场中占绝对优势地位的企业也有必要根据外部环境的变化进行自我变革。组织受结构惯性的影响，抵抗组织改变，通过提高组织的可靠性和责任来提高绩效。但是，当组织面对巨大的环境变化时，这种不变可能具有破坏性（Hannan and Freeman，1989；Schaefer，1998）。企业需要面对绿色新时代所带来的巨变，采取积极的绿色行动成为必然。Gray 等（1995）的研究认为，社会公众和利益相关者对自然环境的关注使企业对环境保护做出响应。积极主动型的企业开始思考如何有效的企业治理才能促进企业环保绩效目标的落实。从某种程度上来看，环境问题对组织的影响是巨大的，在外部压力下股东们和管理者被要求在环境问题上承担更多的责任（Wagner，1992）。此时，企业设置环保部门不仅可以加强企业环境管理和日常监控，大大降低企业环境污染罚款成本和环境诉讼风险，也可以形成有别于其他企业的差异化资源，有助于形成绿色形象，还可以获得外部利益相关者的信任。

从内部治理角度来看，企业环保部门设置是针对所有权和经营权分离造成的代理问题，而向经理人授权和对经理人监督从而保护外部投资者利益的重要管理机制。例如，王霞等（2013）研究认为企业内部治理正向影响企业环境信息披露行为；唐国平和李龙会（2013）研究认为股权结构对企业环保投资有显著影响。

一方面，环保部门设置可以降低信息不对称和不确定性风险。Jensen 和 Meckling（1976）提出不确定性是造成代理问题的主要原因，因此外部股东愿意支付监督成本，减少经理人的在职消费，限制经理人行动。企业股东通过设置环保部门来建立组织内部之间的相互信任，信任是降低不确定性以及经理人环保机会主义行为的有效方式（徐虹和林钟高，2011）。由于在环境方面的私人信息造成了对环保投资前景预期的扭曲（Kang et al.，2006）和对长期前景预期的不确定性（Glickman，1994），使企业环保投资风险增加。

如果企业没有设置环境管理部门，那么管理层和股东主要依赖于政府对企业环境行为的评估和监控数据，或依赖于外部第三方环保评估机构的定期评价，这些来自外部的非日常性数据不利于管理层对投资前景做出准确判断，造成不确定性风险增加，由此将促使管理层为承担不确定性风险而索要更高的风险津贴。如果企业设置环保部门配备专职环保人员，负责环境保护的具体工作，制定符合企业特点的各项环境保护管理规定、办法和规章制度，对各单位或各部门实施环保监督和监测，确保企业环保责任和目标的实现，并向股东和管理者传递企业环保管理体系的运行信息，促进环境信息的传递和沟通。企业环保部门不仅降低信息不对称，也降低了管理层的投资预期的不确定性风险。

另一方面，企业环保部门为董事会成员提供了有助于董事会解决问题和寻找替代方法的环境信息或知识，有助于董事会通过企业环保部门发挥对管理层环保行为的指向作用。基于此，提出假设 H6－2：

H6－2：限定其他条件，环保部门设置对管理层代理成本与企业环保投资规模关系有正向调节作用。

三、产权性质的影响

我国环保规划目标不断提高，从“十一五”规划到“十三五”

规划，国家将环保规划目标从“控制二氧化硫和化学需氧量排放量”到“主要污染排放物总量大幅减少”，增加了国有企业和非国有企业的节能减排压力。但是，产权性质不同使企业管理者面对的制度压力和经济压力也不同，导致企业环保部门设置的主要功能和作用不同。企业产权性质不仅影响企业内部治理结构，还会影响企业环保投资动机。

从制度压力来看。国有企业管理者受到更严格的政府环保考核制度约束。由于国有企业主要分布于石油、石化、交通运输、冶金、化工、煤炭等能源消耗大户行业，国有企业履行环保责任行为对实现国家环保战略目标具有深远意义。因此，国家出台了多项用于引导国有企业环保责任行为的法律法规，如以加强中央企业环境治污“领头羊”的作用为目的，2008 年 1 月国资委发布了《关于中央企业履行社会责任的指导意见》；2014 年国资委和环保部联合发布《关于进一步加强中央企业节能减排工作的通知》，要求中央企业健全管理机构、加快建设治污设施。另外，为了推动环境保护责任重大督察责任落实，2014 年多部门联合出台了《党政主要领导干部和国有企业领导人员经济责任审计规定实施细则》（以下简称《细则》），分别对地方各级党委、地方各级政府以及国有企业中的董事长、总经理、党委书记等企业主要领导人员的经济责任审计内容做了详细规定，其中明确了地方各级党委、地方各级政府“自然资源资产的开发利用和保护、生态环境保护”等经济责任，也明确了国有企业领导人员“贯彻执行党和国家有关经济方针政策和决策部署、推动企业可持续发展”等经济责任，《细则》完善了对地方各级党委、地方各级政府和国有企业领导人员的问责制度和考核制度。

可见，国有企业管理者晋升和声誉与环保绩效有较强的相关性。国有企业管理者为了更好地通过地方各级党委和地方各级政府对其任期内的环保责任考核，更倾向于设置环保部门，使其成为自己完成环保规划目标的重要依据。而企业环保部门的功能是否真实发挥不是国有企业管理者关心的主要问题。相反的是，非国有企业管理者不受上述环保绩效问责制度和考核制度的约束，非国有企业环保部门将更好地发挥其信息传递以及监督的职能。

从经济压力来看，国有企业掌握着国家经济命脉，对引导国家经济发展方向具有重要作用。正如《细则》中规定的，地方各级党委、地方各级政府有“自然资源资产的开发利用和保护、生态环境保护”方面的经济责任，因此，国有企业履行环保责任行为对地方政府或官员个人政绩有重要影响。在政治晋升竞标赛的影响下，地方政府或官员更倾向于将政府补贴等资源流向国有企业。

与国有企业相比，非国有企业在资源竞争中处于劣势地位，承担着更大的环境绩效和经济绩效双重压力。非国有企业管理者更善于利用企业环保部门的信息做出环保投资决策。另外，非国有企业具有明显的逐利动机，任何行动都进行成本与收入的权衡，一旦非国有企业成立了环保部门，必将其功能发挥到极致。因此，在非国有企业管理者现有的薪酬条件下，环保部门为非国有企业管理者传递正确和详尽的环境信息，有效降低非国有企业管理者的环境风险不确定性，有助于非国有企业管理者对环保投资做出准确预期，获得投资者支持。基于此，提出假设 H6 - 3：

H6 - 3：相较于国有企业，环保部门设置对非国有企业管理层代理成本与企业环保投资规模关系有更显著的调节作用。

第三节　研究设计

一、研究样本与数据来源

本章选取 2008 ~ 2015 年沪深 A 股制造业上市公司作为研究样本。按关键字收集上市公司环保投资数据，主要包括“环境”“绿色”

“节能”“能源”“可再生”“污染”“除尘”“降噪”等与环境可持续相关的关键字，关键字覆盖技术、产品、工艺、设备、系统、治理等方面，并对关键字细分，如“新能源”又进一步细分为“光伏”“太阳能”“生物质”“沼气”“风电”“潮汐”等关键字，经过审核删除无关项目，保留相关项目。并对披露企业环保投资数据的上市公司进行如下筛选：（1）剔除 ST、PT 的样本公司；（2）剔除变量指标缺失的样本公司；（3）剔除含有西藏的样本公司，由于该地区部分指标缺失。共收集企业环保投资样本量 1929 个，企业前瞻性环保投资样本量 1182 个，企业治理性环保投资样本量 853 个。由于部分企业既进行了前瞻性环保投资，又进行了治理性环保投资，对这部分企业环保投资额进行合并计算，因此企业环保投资样本量少于企业前瞻性环保投资样本量和企业治理性环保投资样本量之和。

本章的数据来源途径如下：（1）企业环保投资数据来源于 CSMAR 数据库；（2）企业环保部门设置数据来源于资产负债表、社会责任报告；（3）环境管制强度数据通过《中国环境年鉴》和《中国统计年鉴》中有关工业“三废”数据和工业总产值数据计算获得；（4）地区环境宣传力度数据来源于《中国环境年鉴》；（5）公众关注度数据来源于百度指数；（6）其他研究变量来源于 Wind 数据库和锐思数据库。为了克服异常值对研究结论的影响，对连续变量在 1% 与 99% 分位数上进行 Winsorize 处理，所有数据处理软件为 Stata 13.0。

二、模型设定与变量选取

为了检验管理层代理成本与企业环保投资规模的关系，构建了下列模型：

$$EI_t = \beta_0 + \beta_1 Cost_{t-1} + \beta_2 Roa_{t-1} + \beta_3 Growth_{t-1} + \beta_4 Rop_{t-1} + \beta_5 Lev_{t-1} + \beta_6 Flow_{t-1} + \beta_7 Mshare_{t-1} + \beta_8 Balance_{t-1} +$$

$$\beta_9 EM_{t-1} + \beta_{10} EC_{t-1} + \beta_{11} PC_{t-1} + \beta_{12} Market_{t-1} + \sum Year + \varepsilon \quad (6-1)$$

为了检验环保部门设置对管理层代理成本和企业环保投资规模关系的调节效应，构建下列模型：

$$EI_t = \beta_0 + \beta_1 Cost_{t-1} + \beta_2 Org_{t-1} + \beta_3 Org \times Cost_{t-1} + \beta_4 Roa_{t-1} + \beta_5 Growth_{t-1} + \beta_6 Rop_{t-1} + \beta_7 Lev_{t-1} + \beta_8 Flow_{t-1} + \beta_9 Mshare_{t-1} + \beta_{10} Balance_{t-1} + \beta_{11} EM_{t-1} + \beta_{12} EC_{t-1} + \beta_{13} PC_{t-1} + \beta_{14} Market_{t-1} + \sum Year + \varepsilon \quad (6-2)$$

上述模型的因变量和自变量考虑滞后一期的时间间隔，较好地避免模型中的内生性问题，并对模型进行 Robust 异方差检验。

企业环保投资规模①（EI）采用“投资总额/资本存量”来衡量企业环保投资规模。其中，投资总额为当年新增企业环保投资总额，资本存量为营业收入总额。本章将环保投资分为环保产品及环保技术的研发与改造投资；环保设施及系统购置与改造投资；清洁生产类投资；污染治理技术研发与改造投资；污染治理设备及系统购置与改造投资。

企业环保部门设置（Org）为虚拟变量，如果企业设置了独立环保部门为1，否则为0。在收集该变量过程中，某些上市公司为了实现环保目标，设置了“节能减排小组”，或指派具体人员负责环保事宜，抑或是聘请外部环保机构进行专业环保咨询及评估，上述三种情况均不属于成立独立环保部门的范畴，因此未将其纳入企业环保部门设置的统计量中。

管理层代理成本（Cost），现有文献中使用的衡量指标主要包括管理费用率、总资产周转率、高管持股比例、经营费用率、自由现金

① （1）企业进行环境保护而发生的其他相关支出不包括在内，如环保监察费、环保设计费、环评和能评费、厂部绿化费、环保教育及培训费用、环境管理费用等；（2）间接性支出项目不包括在内，如捐赠绿色基金费；（3）已经费用化的支出项目不包括在内，如排污和编制社会责任报告（环境报告）的费用、环境税费、排污费等。

流等。在会计准则中，管理费用中包含衡量代理成本的监督成本、约束成本以及管理层为自己牟取私利的活动成本均计入企业的管理费用科目。本章参照 Jensen 和 Meckling（1976）、李寿喜等（2007）以及杨汉明和刘广瑞（2014）的做法，将管理费用率作为管理层代理成本的代理变量。

其他相关研究变量说明如表 6-1 所示。

表 6-1　　　　研究变量说明

变量类型	缩写	变量名称	变量定义
被解释变量	EI	企业环保投资规模	当期新增环保投资额/营业收入总额
解释变量	Org	企业环保部门设置	若企业设置了环保部门为 1，否则为 0
	Cost	管理层代理成本	管理费用/营业收入总额
控制变量	PC	公众关注度	以"环境污染"为关键字在百度指数检索，为地区最高周平均值的对数
	EM	环境管制强度	地区工业污染物的环境管制综合指数
	EC	环保宣传力度	当年各地区环保宣传次数
	Market	市场化程度	樊纲、王小鲁（2011）以及王小鲁等（2016）构建的各地区市场化指数
	State	企业产权性质	若为国有企业为 1，否则为 0
	Roa	资产回报率	息税前利润/平均总资产
	Rop	人力投入回报率	息税前利润/员工薪酬总额
	Lev	企业债务水平	期末负债总额/期末资产总额
	Growth	成长能力	（年末营业收入-年初营业收入）/年初营业收入
	Balance	股权制衡度	第二至第五大股东持股数/总股数
	Mshare	管理层持股比例	企业管理层持股数/总股数
	Year	年份	8 年设 7 个虚拟变量

注：环境管制强度的具体计算过程见第三章。

第四节　实证结果与分析

一、描述性统计

从表6－2可知，企业环保投资规模的最大值与最小值之间存在较大差异，均值为0.0367，中位数为0.0058，说明企业环保投资规模整体偏低。企业环保部门设置为虚拟变量，其均值为0.1446，中位数为0，说明多数样本企业没有设置环保部门。管理层代理成本的最大值为27.59%，最小值为0，说明企业之间的管理层代理成本存在较大差异。另外，从企业外部环境指标的均值和中位数来看，过半数样本位于环境管制强度较低的地区。市场化程度的均值小于中位数，说明过半数企业位于市场化程度偏高的地区。从企业内部治理指标的均值和中位数来看，不同样本企业存在较大差异，特别是管理者持股比例的差异较大。

表6－2　研究变量描述性统计

变量	N	均值	标准差	最小值	最大值	中位数
EI	1929	0.0367	0.0847	0.0000	0.5452	0.0058
Cost	1929	7.8037	4.5994	0.8100	27.5900	7.1200
Org	1929	0.1446	0.3518	0.0000	1.0000	0.0000
Roa	1929	6.1251	6.2732	－14.3200	32.6700	5.5300
Growth	1929	14.1754	27.2423	－45.6400	121.1300	11.3800
Rop	1929	130.8064	169.3255	－306.1700	1121.5900	97.3700
Lev	1929	46.8436	19.9044	7.3400	94.1300	48.8300
Flow	1929	0.0462	0.0746	－0.1900	0.2900	0.0500
Mshare	1929	0.1102	0.1960	0.0000	0.6809	0.0003
Balance	1929	0.8946	0.7998	0.0147	3.1557	0.7121

续表

变量	N	均值	标准差	最小值	最大值	中位数
EM	1929	1.7496	1.2668	0.2700	6.2100	1.1700
EC	1929	0.0462	0.0387	0.0000	0.1807	0.0371
PC	1929	4.9648	0.4024	3.9512	5.7621	4.9273
Market	1929	7.3055	1.6239	3.3800	9.9500	7.4400
Size	1929	22.0657	1.1871	19.5100	25.8600	21.9100
State	1929	0.4515	0.4978	1.0000	0.0000	0.0000

二、相关性分析

从表6－3相关性分析结果可以看出，管理层代理成本与企业环保投资规模和环保部门设置在1%显著性水平上相关，说明管理层代理成本与企业环保投资规模和环保部门设置有较强的相关关系。其他变量之间的相关系数均低于0.5，说明变量之间不存在严重的多重共线性问题。

三、回归分析

本章采用了最小二乘法回归模型，检验管理层代理成本与企业环保投资规模的关系，以及环保部门设置对管理层代理成本与企业环保投资规模的调节作用。从表6－4模型1和模型2的OLS回归结果可以发现，管理层代理成本与企业环保投资规模在1%显著性水平上正相关，假设H6－1获得验证。由模型3可知，交乘项Org×Cost与企业环保投资规模在5%显著性水平上正相关，假设H6－2获得验证，即环保部门设置对管理层代理成本与企业环保投资规模关系有正向调节作用。

表 6-3　　研究变量相关性分析

变量	EI	Cost	Org	Roa	Growth	Rop	Lev	Flow	Mshare	Balance	EM	EC	PC	Market	Size	State
EI	1															
Cost	0.1660 ***	1														
Org	-0.0221	-0.0978 ***	1													
Roa	0.0109	-0.1284 ***	0.0319	1												
Growth	0.0947 ***	-0.1530 ***	0.0023	0.3671 ***	1											
Rop	0.0918 ***	-0.1960 ***	0.0297	0.7309 ***	0.3338 ***	1										
Lev	-0.0977 ***	-0.2409 ***	0.0074	-0.3667 ***	-0.0447 **	-0.2517 ***	1									
Flow	-0.0632 ***	-0.1004 ***	0.0139	0.3820 ***	0.0144	0.1683 ***	-0.1018 ***	1								
Mshare	0.0683 ***	0.1213 ***	-0.0266	0.1084 ***	0.1266 ***	0.1363 ***	-0.3784 ***	-0.1355 ***	1							
Balance	-0.0243	-0.1453 ***	-0.0127	0.0989 ***	0.1720 ***	0.1048 ***	0.0189	-0.0063	-0.0317	1						
EM	-0.0958 ***	-0.0743 ***	0.0633 ***	-0.0263	0.0085	0.0148	0.1681 ***	-0.0233	-0.1944 ***	0.0683 ***	1					
EC	0.0281	0.0261	-0.0397	0.0801 ***	0.0206	0.0566 **	-0.0873 ***	0.0479 **	0.0843 ***	0.0414 *	-0.3573 ***	1				
PC	0.0619 ***	0.0739 ***	-0.0393	0.0850 ***	-0.0303	0.0326	-0.2030 ***	0.0337	0.2463 ***	0.0399 *	-0.5541 ***	0.4011 ***	1			
Market	0.0892 ***	0.0878 ***	-0.0642 ***	0.0478	-0.0242	-0.0179	-0.1863 ***	0.0134	0.2692 ***	-0.1533 ***	-0.7729 ***	0.3119 ***	0.6369 ***	1		
Size	-0.0573 **	-0.3211 ***	0.1468 ***	-0.0292	-0.0198	0.0291	0.4666 ***	0.0633 ***	-0.3284 ***	0.0576 **	0.0808 ***	-0.1227 ***	-0.1241 ***	-0.0990 ***	1	
State	-0.1342 ***	-0.1338 ***	0.0652 ***	-0.1562 ***	-0.0983 ***	-0.1723 ***	0.3464 ***	0.0528 **	-0.4961 ***	0.1057 ***	0.2427 ***	-0.1495 ***	-0.3512 ***	-0.3888 ***	0.3563 ***	1

注：***、**、*分别表示1%、5%、10%的显著性水平。

表 6-4　管理层代理成本、环保部门设置与企业环保投资的回归结果

变量	EI			国有企业	非国有企业
	模型 1	模型 2	模型 3	模型 4	模型 5
Cost	0.003*** (4.82)	0.003*** (4.75)	0.003*** (5.37)	0.002*** (3.54)	0.004*** (4.85)
Org		0.000 (0.02)	0.024* (1.75)	0.000 (0.00)	0.045*** (2.58)
Org × Cost			0.006** (2.32)	0.000 (0.24)	0.011*** (3.57)
Roa	-0.002*** (-3.89)	-0.002*** (-3.89)	-0.002*** (-4.07)	-0.003*** (-4.24)	-0.001* (-1.82)
Growth	0.000*** (3.25)	0.000*** (3.25)	0.000*** (3.18)	0.000** (2.19)	0.000** (2.12)
Rop	0.000*** (4.29)	0.000*** (4.29)	0.000*** (4.47)	0.000*** (3.84)	0.000*** (3.06)
Lev	-0.000** (-2.31)	-0.000** (-2.32)	-0.000** (-2.24)	-0.000 (-1.38)	-0.000 (-1.18)
Flow	-0.035 (-1.14)	-0.035 (-1.14)	-0.037 (-1.21)	-0.021 (-0.78)	-0.046 (-0.93)
Mshare	-0.009 (-0.70)	-0.009 (-0.70)	-0.012 (-0.87)	-0.012 (-0.11)	-0.031* (-1.88)
Balance	-0.000 (-0.10)	-0.000 (-0.10)	0.000 (0.01)	-0.001 (-0.16)	0.005 (0.75)
EM	-0.004* (-1.73)	-0.004* (-1.72)	-0.004 (-1.59)	-0.002 (-0.71)	-0.011*** (-2.84)
EC	-0.057 (-0.86)	-0.057 (-0.86)	-0.068 (-1.04)	-0.100* (-1.82)	-0.019 (-0.17)
PC	0.003 (0.39)	0.003 (0.39)	0.004 (0.51)	-0.026** (-2.40)	0.016 (1.62)
Market	0.002 (1.16)	0.002 (1.17)	0.002 (1.30)	0.007** (2.56)	-0.005* (-1.65)

续表

变量	EI			国有企业	非国有企业
	模型 1	模型 2	模型 3	模型 4	模型 5
Year	控制	控制	控制	控制	控制
常数项	0.040 (1.07)	0.040 (1.07)	0.031 (0.83)	0.127 ** (2.56)	0.047 (0.83)
N	1929	1929	1929	871	1058
R^2	0.070	0.070	0.081	0.078	0.097
R^2_Adj	0.0615	0.0610	0.0715	0.0561	0.0792
F	4.612 ***	4.392 ***	4.392 ***	2.040 ***	3.022 ***
VIF_MAX	3.72	3.75	3.75	4.38	3.88

注：***、**、* 分别表示 1%、5%、10% 的显著性水平。

为了检验产权性质对管理层代理成本、环保部门设置与企业环保投资规模的关系产生的影响，本章按照产权性质分成国有企业和非国有企业两组。从模型 4 和模型 5 可以发现，不同产权性质对管理层代理成本、环保部门设置与企业环保投资规模关系的影响有显著差异。其中，模型 4 为国有企业样本的回归结果，其中 Cost 与国有企业环保投资规模在 1% 显著性水平上正相关，交乘项 Org × Cost 与企业环保投资规模正相关但是不显著，说明环保部门设置对国有企业管理层代理成本与企业环保投资规模关系没有显著调节作用。模型 5 为非国有企业样本的回归结果，其中，环保部门设置与非国有企业环保投资规模在 1% 的显著性水平上正相关，管理层代理成本与企业环保投资规模在 1% 显著性水平上正相关，且交乘项 Org × Cost 的系数符号与 Cost 系数符号一致，与非国有企业环保投资规模在 1% 显著性水平上正相关，说明环保部门设置对非国有企业管理层代理成本与企业环保投资规模关系有正向调节作用。以上结果验证了假设 H6 - 3，即相较于国有企业，环保部门设置对非国有企业管理层代理成本与企业环保投资规模关系有更显著的调节作用。

四、管理层代理成本、环保部门设置与企业前瞻性环保投资

为了进一步检验管理层代理成本对企业不同类型环保投资行为的影响，以及环保部门设置对管理层代理成本和企业不同类型环保投资行为关系的调节作用，本章根据企业环保投资的内容结构和行为特征，将其分为企业前瞻性环保投资（PEI）和企业治理性环保投资（GEI）[①]。

具体而言，企业前瞻性环保投资具有预防性特征，包括企业从源头上避免或减少污染物产生而进行的环保投资，也包括为了降低对环境影响而发生的新增投资，其目的在于真实反映出企业为了满足多样化的环境保护要求而进行的投资。企业治理性环保投资具有滞后性，主要针对企业排放的废水、废气、废渣进行的污染源治理性投资，同时也包括企业为了实施废物回收、封存、再利用、综合整治而发生的投资。

企业前瞻性环保投资不仅可以带来环境绩效，也能给企业创造经济绩效，管理层可以从中获得更高的绿色声誉，因此，管理层倾向于进行企业前瞻性环保投资。但是，企业前瞻性环保投资主要作用于企业的产品、技术、工艺和进行清洁生产等具有新专业的项目上，因此，需要管理层付出更大的努力和更多的时间进行知识更新，提高对前瞻性投资项目的管理能力，管理层将索取更高的私人收益。从表 6 - 5 中模型 6 和模型 7 的结果可以发现，管理层代理成本与企业前瞻性环保投资在 1% 显著性水平上正相关。

---

① 企业前瞻性环保投资包括环保产品及技术研发与改造投资，环保设施及系统购置与改造投资，清洁生产类投资。企业治理性环保投资包括污染治理技术研发与改造投资，污染治理设备及系统购置与改造投资。

表 6－5　管理层代理成本、环保部门设置与企业前瞻性环保投资的回归结果

变量	PEI			国有企业	非国有企业
	模型 6	模型 7	模型 8	模型 9	模型 10
Cost	0.004 *** (3.82)	0.004 *** (3.81)	0.005 *** (4.58)	0.002 ** (2.31)	0.005 *** (4.09)
Org		0.009 (0.83)	0.038 * (1.84)	－0.031 (－1.51)	0.040 ** (1.99)
Org × Cost			0.009 * (1.94)	－0.008 (－1.30)	0.014 *** (3.31)
Roa	－0.004 *** (－4.09)	－0.004 *** (－4.09)	－0.004 *** (－4.10)	－0.004 *** (－3.81)	－0.003 ** (－2.19)
Growth	0.000 ** (2.10)	0.000 ** (2.10)	0.000 * (1.88)	0.000 (1.46)	0.000 (1.23)
Rop	0.000 *** (4.27)	0.000 *** (4.27)	0.000 *** (4.26)	0.000 *** (3.07)	0.000 *** (3.19)
Lev	－0.000 (－1.61)	－0.000 (－1.59)	－0.000 (－1.55)	－0.000 (－0.49)	－0.000 (－0.57)
Flow	0.034 (0.67)	0.034 (0.67)	0.030 (0.59)	0.027 (0.64)	0.047 (0.57)
Mshare	－0.005 (－0.22)	－0.005 (－0.21)	－0.009 (－0.41)	0.019 (0.11)	－0.031 (－1.22)
Balance	－0.006 (－0.97)	－0.007 (－1.02)	－0.006 (－0.94)	－0.006 (－0.96)	－0.001 (－0.05)
EM	－0.010 ** (－2.50)	－0.010 ** (－2.53)	－0.010 ** (－2.41)	－0.007 (－1.42)	－0.021 *** (－2.82)
EC	－0.112 (－1.00)	－0.114 (－1.01)	－0.119 (－1.06)	－0.084 (－0.88)	－0.148 (－0.79)
PC	0.002 (0.13)	0.001 (0.10)	0.004 (0.29)	－0.046 *** (－2.64)	0.027 * (1.69)
Market	－0.000 (－0.09)	－0.000 (－0.02)	0.000 (0.14)	0.008 ** (2.14)	－0.015 ** (－2.58)

续表

变量	PEI			国有企业	非国有企业
	模型 6	模型 7	模型 8	模型 9	模型 10
Year	控制	控制	控制	控制	控制
常数项	0.098 (1.54)	0.097 (1.52)	0.078 (1.23)	0.238*** (2.84)	0.104 (1.10)
N	1182	1182	1182	508	674
R^2	0.088	0.089	0.101	0.105	0.115
R^2_Adj	0.0739	0.0737	0.0856	0.0687	0.0877
F	3.463***	3.365***	3.469***	2.238***	2.461***
VIF_MAX	4.09	4.10	4.11	4.00	4.29

注：***、**、*分别表示1%、5%、10%的显著性水平。

环保部门设置为管理层和股东们传递了企业日常环境信息，降低了信息不对称和不确定性风险。从模型 8 的结果可以发现，交乘项 Org × Cost 与 Cost 的符号一致，在 10% 显著性水平上与企业前瞻性环保投资规模正相关，上述结果说明环保部门设置对管理层代理成本和企业前瞻性环保投资规模的关系有正向调节作用。

从模型 9 和模型 10 的结果可以发现，环保部门设置对不同产权性质下管理层代理成本和企业前瞻性环保投资规模之间关系的调节作用存在显著差异。其中，国有企业样本组，交乘项 Org × Cost 不显著，说明环保部门设置对国有企业管理层代理成本和企业前瞻性环保投资规模关系的调节作用不显著。但是，在非国有企业样本组，交乘项 Org × Cost 与 Cost 的系数符号一致，在 1% 显著性水平上与企业前瞻性环保投资规模正相关，说明环保部门设置对非国有企业管理层代理成本与企业环保投资规模关系有正向调节作用。上述结果表明，企业环保部门设置对不同产权性质管理层代理成本与企业前瞻性环保投资规模关系有不同调节作用。

五、管理层代理成本、环保部门设置与企业治理性环保投资

企业治理性环保投资可以带来环境绩效，也能在一定程度上创造经济绩效，管理层可以从中享受到更高的合法性收益，因此，管理层倾向于进行企业治理性环保投资。但是，企业治理性环保投资需要管理层付出更大的努力和更多的时间掌握不断更新的环保法律法规和行业污染物排放标准，以提高其对治理性投资项目的管理能力，管理层将索取更高的私人收益。从表 6－6 中模型 11 和模型 12 的结果可以发现，管理层代理成本与企业治理性环保投资在 1% 显著性水平上正相关。

表 6－6　管理层代理成本、环保部门设置与企业治理性环保投资的回归结果

变量	GEI			国有企业	非国有企业
	模型 11	模型 12	模型 13	模型 14	模型 15
Cost	0.001*** (3.24)	0.001*** (3.26)	0.001*** (3.50)	0.001** (2.57)	0.002** (2.31)
Org		0.004 (1.12)	0.014 (1.50)	0.012 (1.24)	0.023 (1.15)
Org × Cost			0.002 (1.54)	0.003* (1.71)	0.003 (0.91)
Roa	-0.000 (-1.04)	-0.000 (-1.03)	-0.000 (-1.25)	-0.002** (-2.29)	0.000 (0.21)
Growth	0.000** (2.29)	0.000** (2.31)	0.000** (2.35)	0.000** (2.47)	0.000 (1.14)
Rop	0.000** (2.07)	0.000* (1.95)	0.000** (2.29)	0.000*** (2.70)	0.000 (0.41)
Lev	-0.000 (-1.34)	-0.000 (-1.31)	-0.000 (-1.25)	-0.000 (-0.95)	-0.000 (-0.80)
Flow	-0.045* (-1.96)	-0.045** (-1.97)	-0.045** (-2.03)	-0.009 (-0.41)	-0.073** (-2.03)

续表

变量	GEI			国有企业	非国有企业
	模型 11	模型 12	模型 13	模型 14	模型 15
Mshare	-0.001 (-0.14)	-0.001 (-0.08)	-0.001 (-0.14)	0.050 (0.44)	-0.009 (-0.70)
Balance	0.001 (0.48)	0.001 (0.36)	0.001 (0.49)	0.003 (1.37)	0.004 (1.03)
EM	0.002 (1.40)	0.002 (1.45)	0.003 (1.53)	0.004** (2.10)	-0.003 (-0.95)
EC	0.002 (0.04)	0.000 (0.00)	-0.009 (-0.23)	-0.052* (-1.70)	0.026 (0.39)
PC	0.002 (0.46)	0.002 (0.40)	0.002 (0.40)	-0.002 (-0.40)	0.004 (0.45)
Market	0.001 (1.01)	0.002 (1.17)	0.002 (1.27)	0.002 (1.06)	-0.000 (-0.17)
Year	控制	控制	控制	控制	控制
常数项	-0.000 (-0.00)	-0.001 (-0.05)	-0.003 (-0.12)	0.004 (0.15)	0.017 (0.36)
N	853	853	853	433	420
R^2	0.064	0.066	0.076	0.146	0.091
R^2_Adj	0.0436	0.0445	0.0542	0.104	0.0454
F	2.065***	1.954***	1.920***	1.396	1.258
VIF_MAX	3.41	3.44	3.44	5.27	3.68

注：***、**、*分别表示1%、5%、10%的显著性水平。

国家自将“控制二氧化硫和化学需氧量排放量”作为“十一五”国家环保规划目标以来，又将“主要污染排放物总量显著减少”作为“十二五”国家环保规划目标，“十三五”国家环保规划目标进一步加强，将“主要污染排放物总量大幅减少”作为新的规划目标。可见，国家对企业污染物排放的治理具有强制性特征，无论企业是否设置环保部门，每一个企业都有责任也有义务进行企业治理性环保投资，不确定性程度较低。因此，如模型13的结果，交乘项Org×Cost与企业治理性环保投资正相关，但不显著，说明环保部门设置对管理层代理成本和企业治理性环保投资关系的调节作用不显著。

进一步按产权性质分组，由模型 14 的结果可知，在国有企业组中，交乘项 Org × Cost 与 Cost 的符号一致，且在 10% 显著性水平上与企业治理性环保投资规模正相关，说明环保部门设置对国有企业管理层代理成本与企业治理性环保投资规模关系有正向调节作用。由模型 15 的结果可知，非国有企业管理层代理成本与企业治理性环保投资规模在 5% 显著性水平上正相关，但交乘项 Org × Cost 不显著，说明环保部门设置对非国有企业管理层代理成本与企业治理性环保投资规模关系没有调节作用。

这一结果说明，在污染治理方面，国有企业比非国有企业承担更大的环保责任。国家环保规划目标对国有企业管理层更具有制度约束力，管理层在治理性投资过程中考虑更多的是实现合法性及其政治晋升，从而积极贯彻执行国家政策进行治理性环保投资。国有企业设置环保部门的服务对象除了国有企业外，还服务于政府，为政府提供环境监控和治理信息，加强了政府对国有企业管理层的监督力度，进一步地促进国有企业管理层代理成本与企业治理性环保投资规模的正相关关系。

在国家环境保护方针政策下，治理性环保投资具有强制性，非国有企业在竞争市场环境中又处于劣势，在一定程度上非国有企业管理者为了获得合法性不得不进行治理性环保投资。因此，在政府管制压力下，环保部门设置对非国有企业治理性环保投资决策的效力不显著，因为对于非国有企业而言，根据国家制度要求实现合法性求得生存更为重要的。

六、稳健性检验

为使结论更具有可靠性，本章对回归模型和假设检验做了一定的稳定性测试。

（一）指标替代

使用“企业环保投资额/平均总资产”代替原“企业环保投资额/营业收入”作为企业环保投资规模的替代变量，同时使用人均GDP代替EC表示地区环保意识，检验结果如表6－7、表6－8和表6－9所示。

表6－7 管理层代理成本、环保部门设置与企业环保投资稳健性检验（指标替代）

变量	使用“企业环保投资额/平均总资产”代替原EI		国有企业	非国有企业
	模型16	模型17	模型18	模型19
Cost	0.001*** (3.02)	0.001*** (3.38)	0.000 (1.57)	0.001*** (3.22)
Org	－0.002 (－0.74)	0.006 (1.12)	－0.002 (－0.54)	0.012* (1.78)
Org × Cost		0.002* (1.88)	0.000 (0.69)	0.003** (2.31)
Roa	－0.001*** (－2.66)	－0.001*** (－2.78)	－0.001*** (－4.24)	－0.000 (－0.48)
Growth	0.000*** (3.78)	0.000*** (3.70)	0.000*** (2.66)	0.000** (2.30)
Rop	0.000*** (3.53)	0.000*** (3.65)	0.000*** (3.54)	0.000** (2.27)
Lev	－0.000* (－1.86)	－0.000* (－1.79)	－0.000** (－2.08)	－0.000 (－0.37)
Flow	－0.008 (－0.62)	－0.009 (－0.66)	0.009 (0.82)	－0.019 (－0.90)
Mshare	0.001 (0.13)	0.000 (0.00)	－0.016 (－0.42)	－0.009 (－1.26)
Balance	0.000 (0.26)	0.001 (0.35)	－0.001 (－0.59)	0.004 (1.28)

续表

变量	使用“企业环保投资额/平均总资产”代替原 EI		国有企业	非国有企业
	模型 16	模型 17	模型 18	模型 19
EM	-0.001 (-0.97)	-0.001 (-0.84)	0.000 (0.07)	-0.004** (-2.34)
Mgdp	0.000 (0.22)	0.000 (0.19)	0.002** (2.16)	-0.001 (-0.48)
PC	0.003 (0.96)	0.003 (1.01)	-0.009*** (-2.68)	0.008* (1.81)
Market	0.001 (1.02)	0.001 (1.10)	0.001 (0.48)	-0.001 (-0.49)
Year	控制	控制	控制	控制
常数项	-0.001 (-0.04)	-0.003 (-0.19)	0.049*** (2.85)	-0.002 (-0.10)
N	1930	1930	872	1058
R^2	0.055	0.061	0.085	0.059
R^2_Adj	0.0457	0.0511	0.0632	0.0406
F	4.429	4.341	2.148	2.331

注：***、**、*分别表示1%、5%、10%的显著性水平。

表 6-8　管理层代理成本、环保部门设置与企业前瞻性环保投资稳健性检验（指标替代）

变量	使用“企业前瞻性环保投资额/平均总资产”代替原 PEI		国有企业	非国有企业
	模型 24	模型 25	模型 26	模型 27
Cost	0.001*** (3.04)	0.001*** (3.67)	0.001*** (2.84)	0.001*** (2.95)
Org	-0.002 (-0.62)	0.006 (1.01)	-0.006 (-1.07)	0.005 (0.81)
Org × Cost		0.003** (1.96)	-0.001 (-0.90)	0.004** (2.48)

续表

变量	使用“企业前瞻性环保投资额/平均总资产”代替原 PEI		国有企业	非国有企业
	模型 24	模型 25	模型 26	模型 27
Roa	-0.001*** (-2.73)	-0.001*** (-2.73)	-0.001*** (-3.37)	-0.001 (-0.94)
Growth	0.000*** (2.64)	0.000** (2.42)	0.000* (1.88)	0.000 (1.39)
Rop	0.000*** (3.43)	0.000*** (3.40)	0.000** (2.27)	0.000** (2.39)
Lev	-0.000 (-1.54)	-0.000 (-1.49)	-0.000 (-0.84)	-0.000 (-0.25)
Flow	0.023 (1.23)	0.022 (1.18)	0.028* (1.85)	0.025 (0.82)
Mshare	0.005 (0.65)	0.004 (0.51)	-0.004 (-0.07)	-0.007 (-0.74)
Balance	-0.002 (-0.81)	-0.002 (-0.77)	-0.004** (-2.02)	0.003 (0.63)
EM	-0.003** (-2.06)	-0.002* (-1.82)	-0.002 (-1.46)	-0.005* (-1.75)
Mgdp	0.001 (0.93)	0.001 (1.30)	0.003** (2.47)	0.000 (0.29)
PC	0.002 (0.44)	0.003 (0.66)	-0.010** (-2.01)	0.008 (1.28)
Market	0.000 (0.23)	0.000 (0.13)	-0.000 (-0.03)	-0.003 (-1.11)
Year	控制	控制	控制	控制
常数项	0.012 (0.58)	0.005 (0.25)	0.056** (2.38)	0.016 (0.45)
N	1186	1186	511	675
R^2	0.081	0.089	0.127	0.071
R^2_Adj	0.0660	0.0731	0.0918	0.0422
F	5.293	5.185	2.834	1.916

注：***、**、*分别表示1%、5%、10%的显著性水平。

表 6-9 管理层代理成本、环保部门设置与企业治理性环保投资稳健性检验（指标替代）

变量	使用“企业治理性环保投资额/平均总资产”代替原 GEI		国有企业	非国有企业
	模型 32	模型 33	模型 34	模型 35
Cost	0.000** (2.18)	0.000** (2.32)	0.000 (0.88)	0.000* (1.68)
Org	0.002 (1.43)	0.005 (1.50)	0.003 (1.23)	0.009 (1.22)
Org × Cost		0.001 (1.07)	0.001** (2.08)	0.000 (0.30)
Roa	-0.000 (-0.88)	-0.000 (-0.97)	-0.001*** (-2.77)	0.000 (0.91)
Growth	0.000*** (2.93)	0.000*** (2.91)	0.000** (2.45)	0.000* (1.74)
Rop	0.000** (2.05)	0.000** (2.17)	0.000*** (2.84)	-0.000 (-0.05)
Lev	-0.000 (-1.39)	-0.000 (-1.33)	-0.000** (-2.05)	-0.000 (-0.16)
Flow	-0.019* (-1.74)	-0.020* (-1.76)	0.003 (0.33)	-0.042** (-2.17)
Mshare	-0.001 (-0.28)	-0.001 (-0.33)	-0.008 (-0.26)	-0.004 (-0.70)
Balance	0.001 (0.85)	0.001 (1.00)	0.001 (1.41)	0.002 (1.03)
EM	0.001* (1.75)	0.001* (1.80)	0.002** (2.34)	-0.001 (-1.17)
Mgdp	-0.001*** (-3.17)	-0.001*** (-3.24)	-0.001* (-1.74)	-0.000 (-0.41)
PC	-0.000 (-0.14)	-0.000 (-0.15)	-0.004** (-2.06)	0.004 (0.93)
Market	0.002*** (2.69)	0.002*** (2.77)	0.002** (2.03)	-0.000 (-0.17)
Year	控制	控制	控制	控制

续表

变量	使用“企业治理性环保投资额/平均总资产”代替原 GEI		国有企业	非国有企业
	模型 32	模型 33	模型 34	模型 35
常数项	0.001 (0.08)	0.000 (0.04)	0.014 (1.45)	-0.002 (-0.10)
N	1122	1122	618	504
R^2	0.057	0.059	0.113	0.086
R^2_Adj	0.0407	0.0423	0.0837	0.0479
F	2.280	2.180	2.072	1.332

注：***、**、*分别表示1%、5%、10%的显著性水平。

（二）增加变量

增加内部治理因素变量，第一大股东持股比例（Share1）、独立董事占董事人数比例（DD）、机构投资者持股比例（Inshare）；增加外部制度因素，地区环境立法管制（AL）、地区环境处罚力度（AR），检验结果如表6-10、表6-11、表6-12所示。

表6-10　管理层代理成本、环保部门设置与企业环保投资稳健性检验（增加变量）

变量	EI		国有企业	非国有企业
	模型 20	模型 21	模型 22	模型 23
Cost	0.003*** (4.70)	0.003*** (5.36)	0.002*** (3.08)	0.004*** (4.88)
Org	-0.000 (-0.09)	0.024* (1.70)	-0.000 (-0.05)	0.044** (2.47)
Org × Cost		0.006** (2.34)	0.001 (0.35)	0.011*** (3.54)
Roa	-0.002*** (-3.76)	-0.002*** (-3.95)	-0.003*** (-4.06)	-0.002* (-1.78)
Growth	0.000*** (3.07)	0.000*** (3.02)	0.000 (1.59)	0.000** (2.38)

续表

变量	EI		国有企业	非国有企业
	模型 20	模型 21	模型 22	模型 23
Rop	0.000*** (4.10)	0.000*** (4.30)	0.000*** (3.24)	0.000** (2.55)
Lev	-0.000*** (-3.03)	-0.000*** (-2.96)	-0.000* (-1.95)	-0.000* (-1.73)
Flow	-0.030 (-1.00)	-0.032 (-1.08)	-0.028 (-0.96)	-0.033 (-0.70)
Mshare	0.002 (0.12)	0.000 (0.01)	0.024 (0.23)	-0.025 (-1.40)
Balance	-0.005 (-0.99)	-0.007 (-1.23)	0.005 (0.89)	-0.012 (-1.29)
EM	-0.003 (-1.18)	-0.003 (-1.11)	-0.000 (-0.13)	-0.011*** (-2.66)
EC	-0.045 (-0.67)	-0.056 (-0.84)	-0.079 (-1.43)	-0.025 (-0.23)
PC	0.002 (0.31)	0.004 (0.50)	-0.025** (-2.44)	0.009 (0.83)
Market	0.003 (1.37)	0.003 (1.43)	0.007** (2.55)	-0.005 (-1.52)
Share1	0.019 (0.97)	0.026 (1.35)	-0.047*** (-2.82)	0.080*** (2.60)
DD	-0.004 (-0.11)	-0.009 (-0.22)	-0.074** (-2.38)	0.064 (0.92)
Inshare	0.000 (1.04)	0.000 (1.15)	0.000*** (3.19)	0.000 (0.28)
AR	0.002 (0.20)	0.001 (0.07)	-0.008 (-0.82)	0.021 (0.84)
AL	0.001 (0.68)	0.001 (0.55)	-0.000 (-0.60)	0.001 (0.67)
Size	0.002 (1.08)	0.002 (1.04)	0.003 (1.43)	0.004 (1.05)

续表

变量	EI		国有企业	非国有企业
	模型 20	模型 21	模型 22	模型 23
Year	控制	控制	控制	控制
常数项	-0.011 (-0.21)	-0.020 (-0.39)	0.090 (1.48)	-0.052 (-0.61)
N	1894	1894	850	1044
R^2	0.071	0.083	0.090	0.111
R^2_Adj	0.0586	0.0698	0.0616	0.0879
F	3.403	3.444	2.147	2.562

注：***、**、*分别表示1%、5%、10%的显著性水平。

表 6-11　管理层代理成本、环保部门设置与企业前瞻性环保投资稳健性检验（增加变量）

变量	PEI		国有企业	非国有企业
	模型 28	模型 29	模型 30	模型 31
Cost	0.005*** (3.72)	0.005*** (4.61)	0.002** (2.26)	0.006*** (4.21)
Org	0.011 (0.96)	0.042** (2.01)	-0.028 (-1.21)	0.040* (1.91)
Org × Cost		0.010** (2.11)	-0.008 (-1.24)	0.014*** (3.35)
Roa	-0.004*** (-3.91)	-0.004*** (-3.96)	-0.005*** (-3.89)	-0.003** (-2.19)
Growth	0.000* (1.92)	0.000* (1.74)	0.000 (0.52)	0.000 (1.56)
Rop	0.000*** (4.11)	0.000*** (4.07)	0.000*** (2.94)	0.000*** (2.78)
Lev	-0.001** (-2.46)	-0.001** (-2.40)	-0.000 (-0.23)	-0.001* (-1.65)
Flow	0.032 (0.66)	0.031 (0.64)	0.020 (0.46)	0.053 (0.69)
Mshare	-0.012 (-0.48)	-0.013 (-0.55)	0.036 (0.21)	-0.035 (-1.22)

续表

变量	PEI		国有企业	非国有企业
	模型 28	模型 29	模型 30	模型 31
Balance	-0.011 (-1.17)	-0.014 (-1.47)	0.007 (0.72)	-0.017 (-1.09)
EM	-0.008* (-1.89)	-0.008* (-1.78)	-0.005 (-1.06)	-0.019** (-2.50)
EC	-0.078 (-0.66)	-0.086 (-0.72)	-0.082 (-0.81)	-0.133 (-0.68)
PC	-0.005 (-0.43)	-0.002 (-0.16)	-0.044** (-2.45)	0.012 (0.73)
Market	0.001 (0.40)	0.001 (0.49)	0.008** (2.07)	-0.014** (-2.34)
Share1	0.037 (1.14)	0.050 (1.56)	-0.067** (-2.24)	0.109** (2.33)
DD	0.038 (0.52)	0.037 (0.51)	-0.098* (-1.78)	0.134 (1.18)
Inshare	0.000 (0.57)	0.000 (0.91)	0.000*** (2.89)	0.000 (0.71)
AR	-0.008 (-0.48)	-0.005 (-0.33)	-0.019 (-1.35)	0.008 (0.26)
AL	0.001 (0.47)	0.001 (0.31)	-0.001 (-0.46)	0.001 (0.33)
Size	0.001 (0.30)	0.000 (0.10)	-0.001 (-0.34)	0.006 (0.89)
Year	控制	控制	控制	控制
常数项	0.077 (0.85)	0.064 (0.72)	0.289*** (2.68)	-0.037 (-0.25)
N	1130	1130	474	656
R^2	0.093	0.108	0.120	0.144
R^2_Adj	0.0724	0.0874	0.0689	0.108
F	2.403	2.579	2.466	2.124

注：***、**、*分别表示1%、5%、10%的显著性水平。

表 6－12　管理层代理成本、环保部门设置与企业治理性环保投资稳健性检验（增加变量）

变量	GEI		国有企业	非国有企业
	模型 36	模型 37	模型 38	模型 39
Cost	0.001*** (3.11)	0.001*** (3.36)	0.001** (2.59)	0.002** (2.20)
Org	0.006 (1.27)	0.015 (1.52)	0.012 (1.18)	0.025 (1.27)
Org × Cost		0.002 (1.48)	0.003* (1.74)	0.003 (0.91)
Roa	－0.000 (－0.90)	－0.000 (－1.04)	－0.002** (－2.00)	0.000 (0.11)
Growth	0.000** (2.16)	0.000** (2.18)	0.000** (2.33)	0.000 (1.13)
Rop	0.000** (2.08)	0.000** (2.39)	0.000*** (2.69)	0.000 (0.66)
Lev	－0.000 (－1.19)	－0.000 (－1.12)	－0.000 (－1.27)	－0.000 (－0.42)
Flow	－0.049** (－2.13)	－0.050** (－2.19)	－0.020 (－0.83)	－0.071** (－1.99)
Mshare	0.004 (0.40)	0.004 (0.34)	0.088 (0.72)	－0.008 (－0.56)
Balance	0.003 (1.06)	0.003 (0.93)	0.003 (1.04)	0.005 (0.95)
EM	0.003 (1.62)	0.003 (1.63)	0.005** (2.14)	－0.002 (－0.60)
EC	0.003 (0.07)	－0.005 (－0.12)	－0.047 (－1.29)	0.008 (0.11)
PC	0.001 (0.12)	0.001 (0.20)	－0.005 (－0.87)	－0.001 (－0.13)
Market	0.002 (1.23)	0.002 (1.27)	0.003 (1.27)	0.000 (0.10)
Share1	－0.013 (－1.06)	－0.009 (－0.80)	－0.014 (－1.37)	－0.003 (－0.12)

续表

变量	GEI		国有企业	非国有企业
	模型 36	模型 37	模型 38	模型 39
DD	-0.057*** (-3.14)	-0.061*** (-3.19)	-0.053** (-2.42)	-0.051 (-1.59)
Inshare	0.000 (1.22)	0.000 (1.15)	0.000 (1.58)	0.000 (0.39)
AR	0.003 (0.35)	0.000 (0.02)	-0.006 (-0.79)	0.023 (0.76)
AL	-0.000 (-0.35)	-0.000 (-0.39)	-0.000 (-0.23)	-0.000 (-0.19)
Size	-0.001 (-0.48)	-0.001 (-0.43)	0.002 (1.07)	-0.003* (-1.66)
Year	控制	控制	控制	控制
常数项	0.035 (0.82)	0.032 (0.73)	-0.013 (-0.29)	0.122* (1.77)
N	809	809	397	412
R^2	0.079	0.089	0.183	0.102
R^2_Adj	0.0500	0.0588	0.126	0.0416
F	1.703	1.687	1.671	1.318

从以上程序发现，稳健性检验结果与前面的研究结论基本一致。所不同的是，部分解释变量在模型中的显著性有细微变化，但是这些变化不影响本章的整体研究结论。因此，本章的研究结论较为可靠。

第五节 研究结论与启示

一、研究结论

本章基于 Schwartz 和 Carroll（2003）的企业社会责任三领域模型理论、权变理论、资源基础观、代理理论和利益相关者理论，并通过利用2008～2015年A股制造业上市公司环保投资数据，运用OLS回归模型和调节效应模型检验了管理层代理成本、环保部门设置和企业不同类型环保投资之间的关系。本章研究发现：

第一，若将企业环保投资作为单维构念，那么管理层代理成本与企业环保投资规模显著正相关；环保部门设置对管理层代理成本与企业环保投资规模关系有正向调节作用。

第二，若将企业环保投资作为多维构念，那么管理层代理成本分别与企业前瞻性环保投资规模和企业治理性环保投资规模显著正相关。环保部门设置对管理层代理成本与企业不同类型环保投资规模的关系有不同的调节作用。其中，环保部门设置对管理层代理成本与企业前瞻性环保投资规模关系有正向调节。环保部门设置对管理层代理成本与企业治理性环保投资规模关系的调节作用不显著。

第三，产权性质对管理层代理成本、环保部门设置与企业环保投资三者的关系有重要影响。具体而言，其一，若将企业环保投资作为单维构念，那么环保部门设置对国有企业管理层代理成本与企业环保投资规模关系的调节作用不显著，但是，环保部门设置对非国有企业管理层代理成本与企业环保投资规模关系有显著正向调节作用。其二，若将企业环保投资作为多维构念，那么环保部门设置对国有企业管理层代理成本与企业前瞻性环保投资规模关系的调节作用不显著，对非国有企业管理层代理成本和企业治理性环保投资规模关系的调节作用也不显著。但是，环保部门设置对非国有企业管理层代理成本与企业前瞻性环保投资规模关系有显著正向调节作用，环保部门设置也对国有企业管理层代理成本与企业治理性环保投资规模关系有显著正向调节作用。

以上结果说明，企业管理层受组织内外部因素影响，做出企业不同类型环保投资决策的动机存在显著差异。另外，环保部门设置对管理层代理成本与企业环保投资关系的影响程度受到产权性质和企业环保投资内容的限制。

二、启示

一方面，企业环境管理部门设置对企业环保投资规模产生重要影响。需要理论界和实务界关注组织设计与企业环保行为之间的关系，通过进一步的组织变革促进企业积极主动的环保行为，将环境保护上升到企业长期战略高度，促进企业积极开展环境实践并实现企业“更可持续”发展。

另一方面，加强企业管理者的环保意识，增加其绿色经营理念，实现股东和管理者的利益协同效应。具有长远发展眼光的管理者将促进企业积极制订环境管理政策，甚至使企业环境标准高于政府环境标准，加大绿色产品研发，以及绿色工艺和绿色技术的创新，实现企业环保投资的资本增值。

外部监督、内部治理与企业环保投资
Chapter 7

第七章 研究总结与政策建议

第一节 研究总结

本书以利益相关者理论为主要理论基础，依据Schwartz和Carroll（2003）提出的企业社会责任三个领域模型，从道德领域、经济领域和法律领域三个方面分析影响企业环保投资行为的关键因素及实现路径。分别围绕着“公众参与”“绿色形象”“管理者代理成本”对企业环保投资行为的影响进行实证研究。第四章围绕着企业道德动机，探讨了公众参与度对企业环保投资的影响，以及产权性质的调节作用；第五章围绕企业经济动机，探讨了绿色形象对企业环保投资的影响，以及公众关注度的调节作用；第六章围绕企业合法性动机，探讨了管理层代理成本对企业环保投资的影响，以及环保部门设置的调节作用。

一、主要结论

（一）国家环保制度具有由松到严、由窄到宽、强制性与自愿性相结合、权威性与民主性相结合的特点

自1973年提出32字环境保护方针开始，我国环保制度经历了40多年的发展和变革，总体而言，体现了由松到严、由窄到宽、强制性与自愿性相结合、权威性与民主性相结合的特点。

第一，由松到严的特点。我国环保制度经历了萌芽阶段、起步阶段、迅速发展阶段、战略转变阶段以及从严治理阶段，各层级的环保部门数量、环境法规数量、环境标准数量不断增加，出台的系列文件用词从“控制排放量”到“总量显著减少”再到“总量大幅减少”，从没有“底线”到“划定并严守生态保护红线”，从“实行制度”到“实行最严格的制度”，可见，我国环保制度经历了从松到严的

过程。

第二，由窄到宽的特点。我国环保制度自 1979 年颁布第一部《环境保护法》开始，从水、大气、噪声到可再生能源、循环经济等方面体现了治理面由窄到宽；从环境法规到中央财政资金支持再到税收等经济手段的应用体现了调控手段由窄到宽；强制对象从原“双超”企业增加到“双超”企业和重点排污企业（含重点监控企业）体现了治理对象由窄到宽。

第三，强制性与自愿性相结合的特点。如《环境信息公开办法（试行）》，对“双超企业”“国家重点监控企业”“纳入各地年度减排计划且向水体集中直接排放污水的规模化畜禽养殖场（小区）”要求强制披露环境信息，对其他企业以自愿为原则自行披露环境信息。

第四，权威性与民主性相结合的特点。权威性主要是指国家颁布的法律、法规、制度，具有不可抗力，强制要求企业执行，否则将影响企业可持续经营。民主性主要体现在国家鼓励普通大众、专家及 NGO 积极参与环境管理和环境决策，如《环境影响评价法》《环境保护公众参与办法》均体现了国家环保制度的民主性。

（二）企业环保投资行为具有行业异质性、空间异质性、个体异质性特征

我国上市企业环保投资规模整体处于低水平状态，其中企业前瞻性环保投资规模和企业治理性环保投资规模均处于低水平状态。上市企业环保投资行为具有行业异质性、空间异质性和个体异质性特征。

第一，企业环保投资行为具有行业异质性。制造业企业是推动企业环保投资的“主力军”；重污染行业企业和非重污染企业在环保投资上的差距有缩小的趋势；企业前瞻性环保投资规模在制造业与非制造业之间具有显著差异，而企业治理性环保投资规模在制造业与非制造业之间没有显著差异；企业前瞻性环保投资规模和企业治理性环保投资规模在重污染和非重污染行业之间均具有显著差异。

第二，企业环保投资行为具有空间异质性。其一，从企业所在区域来看，企业前瞻性环保投资规模在东部地区、中部地区、西部地区和东北地区之间具有显著的空间异质性，但企业治理性环保投资规模在不同地区之间没有显著差异；其二，从企业所在地区经济发展水平来看，企业前瞻性环保投资规模和企业治理性环保投资规模均在经济发达地区和经济不发达地区之间存在显著差异；其三，从企业所在地区环境管制强度来看，企业前瞻性环保投资规模和企业治理性环保投资规模均在环境管制强和环境管制弱的地区之间存在显著差异。

第三，企业环保投资行为具有个体异质性。其一，从企业所处的不同生命周期阶段来看，企业前瞻性环保投资规模和企业治理性环保投资规模均在成长期、成熟期和衰退期的不同生命周期阶段具有显著差异；其二，从企业产权性质来看，企业前瞻性环保投资规模在不同产权性质之间存在显著差异，但企业治理性环保投资规模在不同产权性质之间没有显著差异。

（三）公众参与度和产权性质是影响企业环保投资的重要因素

第一，若将企业环保投资作为单维构念，那么公众参与度越高越有利于促进企业环保投资规模，表明公众参与作为一种自下而上的外部监督力量能够对企业环保投资决策形成道德约束。与非国有企业相比，国有企业弱化了公众参与度对企业环保投资的正向影响。

第二，若将企业环保投资作为多维构念，那么公众参与度对企业不同类型环保投资有不同的影响，其中公众参与度与企业前瞻性环保投资规模呈显著的正相关关系，但是与企业治理性环保投资规模的关系不显著。产权性质对公众参与度与企业不同类型环保投资规模的关系有不同的调节作用。其中，国有企业弱化了公众参与度和企业前瞻性环保投资规模之间的正相关关系，但是对公众参与度和企业治理性环保投资规模之间的关系没有显著调节作用。前述结果说明，公众参与体现了社会主义民主法治的参与机制，公众参与是对企业环保投资行为产生重要影响的新兴民主方式。但是，公众参与对企业环保投资的影响效力受到产权性质和企业环保投资内容的限制。

（四）绿色形象和公众关注度是影响企业环保投资的重要因素

第一，绿色形象是企业环保投资概率的增函数。从宏观因素来看，环境管制强度、公众参与度是企业环保投资概率的增函数，从企业内部因素来看获取资源能力、第一大股东持股比例和企业规模是企业环保投资概率的增函数。但是，企业年龄是企业环保投资概率的减函数。

第二，若将企业环保投资作为单维构念，那么绿色形象与企业环保投资规模呈显著正相关关系。公众关注度对绿色形象与企业环保投资规模的关系有负向调节作用，说明良好绿色形象有助于增加公众对企业环境行为的包容度。

第三，若将企业环保投资作为多维构念，那么绿色形象对企业治理性环保投资规模的正向影响更显著。公众关注度仅对绿色形象与企业前瞻性环保投资规模的关系有负向调节作用，对绿色形象与企业治理性环保投资规模关系的调节作用不显著，说明公众能对企业不同类型环保投资行为做出回应。

（五）管理层代理成本和环保部门设置是影响企业环保投资的重要因素

第一，若将企业环保投资作为单维构念，那么管理层代理成本与企业环保投资规模显著正相关。环保部门设置对管理层代理成本与企业环保投资规模之间关系有正向调节作用。

第二，若将企业环保投资作为多维构念，那么管理层代理成本分别与企业前瞻性环保投资规模和企业治理性环保投资规模呈显著正相关关系。环保部门设置对管理层代理成本与企业前瞻性环保投资规模之间关系有正向调节作用，但对管理层代理成本与企业治理性环保投资规模之间关系的调节作用不显著。

第三，在国有企业和非国有企业之间，环保部门设置的调节作用存在较大差异。具体而言，若将企业环保投资作为单维构念，那么环保部门设置仅对非国有企业管理层代理成本与企业环保投资规模关系有正向调节作用；若将企业环保投资作为多维构念，那么环保部门设置仅对非国有企业管理层代理成本与企业前瞻性环保投资的关系有正向调节作用。环保部门设置仅对国有企业管理层代理成本与企业治理性环保投资规模的关系有正向调节作用。说明环保部门设置对管理层代理成本与企业环保投资之间关系的调节作用受到产权性质的影响。

前述实证研究结果说明，企业环保投资行为受到组织外部因素和内部因素共同影响，组织外部因素和组织内部因素相互协调将对促进企业环保投资行为产生更为积极的影响；企业前瞻性环保投资和企业治理性环保投资存在本质上的不同，因此影响它们的因素各有不同。非强制性规制对企业前瞻性环保投资的影响较大，如公众参与度、公众关注度、绿色形象均对企业前瞻性环保投资产生显著影响。而强制性规制对企业治理性环保投资的影响较大，如国有企业环保部门设置对管理层代理成本与企业治理性环保投资规模的关系有显著调节作用。

二、主要贡献

（一）拓展了企业环保投资的基础理论研究

由于现有研究对企业环保投资的概念界定不清，存在测量和理解难的问题。本书根据主要目的性原则和资本化原则界定企业环保投资的概念，根据确定性原则和一致性原则对企业环保投资进行统计。并根据制度战略观和内容特征对企业环保投资进行分类，将企业环保投资进一步细分为企业前瞻性环保投资和企业治理性环保投资两类。从道德、经济和制度三个层面出发，结合利益相关者理论、制度理论、代理理论和资源基础观等基础理论，将组织内部因素和外部因素结合、软约束和硬约束相结合、人和物相结合分析各要素对企业环保投资的影响及实现路径。

（二）深化了企业环保投资影响因素研究

本书识别了影响企业环保投资的五大重要因素，其中三个重要因素与“人”有关，即公众和企业管理者，公众具体体现在公众参与度和公众关注度，企业管理者具体体现在管理层代理成本。另外，两个重要因素与“物”有关，即绿色形象、环保部门设置。在限定其他条件下，对不同因素与企业不同类型环保投资行为之间的关系进行研究，丰富和深化了企业环保投资影响研究。

（三）推进了内外部因素与企业环保投资的调节效应研究

本书结合中国特殊政治经济背景，第四章将企业产权性质作为调节变量和第五章将公众关注度作为调节变量，从资源获取视角出发，揭示资源获取能力和资源获取意图对公众参与度和绿色形象与企业不同类型环保投资行为关系的调节作用。第六章将环保部门设置作为调节变量，从企业治理能力视角出发，揭示企业治理能力对管理层代理成本与企业不同类型环保投资行为关系的调节作用。通过调节效应研究，加强了组织内外部因素对企业环保投资影响的相互关联性。

（四）促进了环境保护制度建设和创新

为了弥补“市场失灵”，政府常用强制性措施，如环境保护法规，具有立竿见影的效果。但是，导致政府干预不足或是政府干预过度的“政府失灵”现象。本书以利益相关者理论为基础，研究外部监督和内部治理与企业环保投资的关系，明确了公众与企业在环境保护中所承担的角色，打破了以往环境保护以政府为主的观念，有助于促进环境保护制度创新，“由自上而下到自下而上”向“由强制性向诱致性”的转变。促进环境保护制度建设，形成“初级行动团体”，为我国生态文明社会建设提供制度保障。

第二节 政策建议

一、对政策制定者的政策建议

（一）政府应健全公众参与制度与配套制度

公众参与作为“开门”式的方法，能够促进企业环保投资，特别是企业前瞻性环保投资，是企业由被动环保投资转向主动环保投资的不可忽视的外部力量。需要政府积极推进公众参与改革和完善企业环境信息披露制度，提高公众参与度和公众参与水平，充分发挥公众参与对环境保护管理和决策的作用。

第一，政府应积极推进公众参与改革。一是应以法律制度建设推进公众参与改革，保障公众参与权利。法律制度建设是各项法律规范的系统化有机组合，加强法律制度的建设，将有助于推进公众参与改革的深化与规范有序进行。公众知情权、参与权、表达权和监督权需要法律制度保护，避免公众参与流于形式。二是政府应结合我国实际拓宽公众参与渠道。首先，简化公众投诉的办结流程；其次，加大新闻媒体的舆论监督作用；再次，开启“互联网+”公众参与渠道，加强网站建设和管理，搭建互联网交流平台，利用时下流行的微博、微信等新媒体，形成网上网下的互动平台；最后，强调源头参与和全过程参与，推进环境决策的公众参与。三是积极对公众参与环境问题做出回应。普通公众以来信、来访、来电、微信等方式参与环境保护，专业公众通过代表形式参与环境保护，参与效果与政府及时、充分的回应有直接关系。政府应实行案件受理、转办督办、结案回复一体化工作机制，完善回复制度。四是打造“线下线上”学习平台，推进公众环保学习工作。由于与环境相关的知识具有较强的专业性，普通公众存在理解难的问题，为了提高公众参与水平，应积极搭建公众参与环境保护学习公共服务平台。

第二，政府应完善企业环境信息披露制度。企业环境信息披露是保障公众知情权、参与权、表达权和监督权的基础，是提高公众参与度和公众参与水平的重要环节。一方面，需要进一步扩大强制披露对象。2014 年 12 月 19 日发布的《企业事业单位环境信息公开办法》在 2008 年《环境信息公开办法（试行）》基础上进一步扩大了环境信息公开的主体，强制对象从原“双超”企业增加到“双超”企业和重点排污企业（含重点监控企业），但对其他企业仅要求自愿披露，强制环境信息披露的对象仍然有限，需要进一步扩大强制披露对象。另一方面，完善强制公开企业环境信息披露的内容，包括 2008 年《上海证券交易所上市公司环境信息披露指引》在内的环境信息披露制度均对环境信息披露内容的要求停留在“是什么”阶段，包括污染物名称、排放方式、排放浓度和总量等，并未强制要求企业披露“怎么样”的环境信息内容，如披露企业环境投入成本、环境产出收益、环境绩效以及环境保护所带来的经济绩效等。对环境保护结果的信息披露有助于公众对新环境项目做出预期，推进公众参与环境决策改革工作。也有助于企业塑造绿色形象，推动企业以先行者优势获得绿色核心竞争力。

（二）政府应积极推动环境规制制定和执行工作

第一，环境规制应具有合理性和适当性。研究发展环境规制强度、公众参与度是影响企业环保投资行为的重要外部因素，政府应该重视市场压力和公众压力对企业环保行为的影响。制订环境规制应将强制性规制、市场性规制以及公众参与制度有机结合，避免不同制度之间的矛盾和冲突。

第二，加强地方政府环境管制力度，从严防污治污。外部制度环境对企业内部控制和环保投资决策均有重要影响，加强地方政府环境管制力度可以有效降低企业管理者的机会主义行为，提升企业资本运营效率，也有利于引导企业从组织内部资源出发，寻求实现从传统的利益最大化目标逐渐向追求利润和履行社会责任的双重企业目标过渡的绿色经营路线。

第三，政府应适当实行差别化政策。产权性质对企业环保投资有显著影响差异，从研究结果来看，国有企业弱化了公众参与度与企业环保投资规模的正相关关系，国有企业弱化了环保部门设置对管理层代理成本与企业环保投资规模关系的正向调节作用。国有企业的弱化作用对企业前瞻性环保投资行为特别显著，而企业前瞻性环保投资是实现技术创新的重要方面。政府有必要在国企改革过程中充分考虑环保因素，加强国有企业环境管理制度建设、加大对国有企业环境保护行为的监督力度、正确引导国有企业管理者的投资行为。另外，非国有企业在企业前瞻性环保投资和企业治理性环保投资方面均有较好表现，且更倾向于企业前瞻性环保投资，政府应该在财税、金融等方面建立长效机制鼓励和支持非国有企业积极的环保投资行为。

二、对公众的政策建议

公众是环境污染的直接受害者，有权利参与环境保护，同时也有义务进行环境保护，本书从加强主人翁意识和环保责任感、提高公众环保参与水平、促进 NGO 组织对公众的引领作用三个方面对公众参与环保提出建议。

（一）加强公众的主人翁意识和环保责任感

第一，提高公众环保意识，自觉践行绿色生活、绿色消费，形成低碳节约的理念和生活方式，公众环保消费观和环保生活观对促进企业积极主动开展环保活动有积极意义；第二，通过合法途径对企业进行监督，公众应拿起法律武器，通过来信、来访、诉讼等方式维护自身环境权益；第三，积极了解公众参与渠道，公众参与应该是有目标的参与而不是盲目参与，充分调动有相同目标的公众参与环保，形成合力，推动国家环保事业发展。

（二）提高公众环保参与水平

公众应自觉进行环保知识学习，提高对环境信息的解读能力和参与水平。公众缺乏专业知识严重影响了公众参与水平，公众需要了解国家环保政策和法律法规，对于不可解读的环保专业知识可向当地环保部门咨询，也可以向 NGO 组织寻求帮助。另外，重视政府提供的环境教育服务与社会团体给予的环境知识宣传和培训，积极配合当地政府开展“线下线上”学习。

（三）促进 NGO 组织对公众的引领作用

第一，NGO 组织应充分利用自身专业优势和资源优势，为公众梳理信息，组织公众参与环保，推动公众环保参与向专业化和组织化方向发展；第二，NGO 组织应加强与国际 NGO 组织的交流与互动，积极吸收国外环保组织经验，结合我国国情创新环保组织结构、环保组织行为、环保组织方式；第三，NGO 组织应该积极为国家环境政策建言献策，NGO 组织是对应于政府和市场之外的第三方，不仅与政府有密切的联系，与普通公众也有密切的联系，能够获取政府和公众信息，因此，NGO 组织的建议对国家制订环境政策有重要的影响。

三、对企业及企业管理者的政策建议

（一）重视企业环保战略定位

企业应充分重视外部环境的变化，制订环境保护长远战略目标，转变生产经营观念，从内部治理的角度提高环保投资效益。企业应积极主动获得 ISO 14001 环境管理体系认证，树立良好的绿色形象。良好的绿色形象有利于企业形成有别于其他企业产品或服务的独特性，能影响利益相关者对企业不当行为的容忍度。企业前瞻性环保投资具有预防性特征，通过环保技术研发和环保设备与系统的投入，开展清洁生产，有助于企业实现从源头遏制污染排放物的产生，也能提高企业在市场竞争中的绿色核心竞争力，对企业赢得市场份额、公众信任、消费者的满意度具有现实意义。

（二）重视企业内部治理因素对企业环保投资的影响

唯物辩证法认为矛盾是事物发展的动力和源泉，内因是事物发展的根本原因，外因是事物发展的必要条件，外因通过内因而起作用。企业内部治理影响着企业风险承担与利益分配机制，需要根据自身的特点，调整组织结构，完善人员配置和权利分配，充分发挥董事会的监督和协调作用，独立董事的独立性，以及通过管理者持股调动管理者积极性来促进企业积极开展环境实践，从而实现企业“更可持续”发展。

（三）加强企业管理者的环保意识

加强企业管理者的环保意识，有利于管理者对环境变化做出快速反应。具有长远发展眼光的管理者将促进企业积极制订环境管理政策，甚至使企业环境标准高于政府环境标准，加大绿色产品研发，以及绿色工艺和绿色技术的创新，实现企业环保投资的资本增值，并实现从源头上遏制或减少“三废”的排放。企业股东应为管理者提供学习和培训的机会，增加管理者的绿色经营理念，实现股东和管理者的利益协同效应。

参考文献

［1］毕茜，于连超．环境税、媒体监督和企业绿色投资［J］．财会月刊，2016（20）：66－70.

［2］曹芳萍，温玲玉，蔡明达．绿色管理、企业形象与竞争优势关联性研究［J］．华东经济管理，2012，26（10）：117－112.

［3］曹国，沈利香，应可福．环保压力、绿色创新与小微企业的竞争优势——来自江苏省小微企业的实证分析［J］．现代财经，2014（4）：64－75.

［4］陈东，陈爱贞．GVC 嵌入、政治关联与环保投资——来自中国民营企业的证据［J］．山西财经大学学报，2018（2）：69－83.

［5］董颖，石磊．"波特假说"——生态创新与环境管制的关系研究述评［J］．生态学报，2013（2）：809－824.

［6］杜鹏，徐中民．公众参与理论、方法及其水资源集成管理研究中的国际进展［J］．地球科学进展，2007（6）：592－597.

［7］樊纲，王小鲁，朱恒鹏．中国分省份市场化指数——各地区市场化相对进程 2011 年报告［M］．北京：经济科学出版社，2011.

［8］冯丽丽，林若，许家林．产权性质、股权集中度与企业社会责任履行［J］．山西财经大学学报，2011（9）：100－108.

［9］郭道扬．绿色成本控制初探［J］．财会月刊，1997（5）：1－5.

［10］何世文，崔秀梅．绿色投资，被动与主动的抉择［J］．新

理财，2014（9）：53－55.

［11］胡立新，韩琳琳．地方政府环保行为对上市公司环保投资影响研究［J］．会计之友，2016（17）：10－13.

［12］姜锡明，许晨曦．环境规制、公司治理与企业环保投资［J］．财会月刊，2015（27）：9－13.

［13］姜雨峰，田虹．绿色创新中介作用下的企业环境责任、企业环境伦理对竞争优势的影响［J］．管理学报，2014（8）：1191－1198.

［14］李冰．环境规制、政企关系与企业环保投资［J］．财会通讯，2016（21）：99－102.

［15］李朝芳．地区经济差异、企业组织变迁与环境会计信息披露——来自中国沪市污染行业2009年度的经验证据［J］．审计与经济研究，2012，27（1）：68－78.

［16］李朝芳．企业环境行为的价值实现机制研究——基于制度环境的过程分析［J］．技术经济与管理研究，2015（2）：52－56.

［17］李春梅．控制权私人收益对企业投资行为的影响研究［D］．山东大学，2013.

［18］李虹，娄雯，田马飞．企业环保投资、环境管制与股权资本成本——来自重污染行业上市公司的经验证据［J］．审计与经济研究，2016（2）：71－80.

［19］李强，冯波．企业会“低调”披露环境信息吗？——竞争压力下企业环保投资与环境信息披露质量关系研究［J］．中南财经政法大学学报，2015（4）：141－160.

［20］李寿喜．产权、代理成本和代理效率［J］．经济研究，2007（1）：102－113.

［21］李四海，李晓龙，宋献忠．产权性质、市场竞争与企业社会责任行为——基于政治寻租视角的分析［J］．中国人口．资源与环境，2015（1）：162－169.

［22］李婷，周宝．环境规制、投资决策与企业绩效——来自A股重污染企业的经验数据［J］．特区经济，2016（6）：145－148.

［23］李怡娜，叶飞．高层管理支持、环保创新实践与企业绩效——资源承诺的调节作用［J］．管理评论，2013（1）：120－129.

［24］李怡娜，叶飞．制度压力、绿色环保创新实践与企业绩效关系——基于新制度主义理论和生态现代化理论视角［J］，科学学研究，2011（12）：1884－1894.

［25］李永友，沈坤荣．我国污染控制政策的减排效果——基于省际工业污染数据的实证分析［J］．管理世界，2008（7）：7－17.

［26］李志斌．内部控制与环境信息披露——来自中国制造业上市公司的经验证据［J］．中国人口．资源与环境，2014，24（6）：77－83.

［27］刘常青，崔广慧．产权性质、新会计准则实施与企业环保投资——基于重污染行业上市公司的经验数据［J］．财会通讯，2017（6）：20－22.

［28］刘常青，刘青．负向效应、延续效应与产权效应——制造业视角下环保投资对企业价值的影响［J］．财会通讯，2017（27）：46－49.

［29］刘胜强，林志军，孙芳城，等．融资约束、代理成本对企业R&D投资的影响——基于我国上市公司的经验证据［J］．会计研究，2015（11）：62－68.

［30］刘星河．公共压力、产权性质与企业融资行为——基于“PM2.5爆表”事件的研究［J］．经济科学，2016（2）：67－70.

［31］卢洪友．发达国家环境治理经验的中国借鉴［J］．学术前沿，2013（8）：76－95.

［32］鲁焕生，高红贵．中国环保投资的现状及分析［J］．中南财经政法大学学报，2004（6）：87－90.

［33］逯元堂，吴舜泽，苏明，等．中国环境保护财税政策分析［J］．环境保护，2008（15）：41－46.

［34］罗宾斯，贾奇．组织行为学精要［M］．郑晓明译．北京：机械工业出版，2016.

［35］罗明琦．企业产权、代理成本与企业投资效率——基于中国上市公司的经验证据［J］．中国软科学，2014（7）：172－183.

［36］马珩，张俊，叶紫怡．环境规制、产权性质与企业环保投资［J］．干旱区资源与环境，2016（12）：47－52.

［37］莫磊，粟梦薇，杨柳．环保投资提升了上市公司的价值吗——基于A股上市公司的经验证据［J］．财会月刊，2017（36）：38－45.

［38］彭雪容．利益相关者环保导向、生态创新与企业绩效：组织合法性视角［D］，浙江大学，2014（6）：1－229.

［39］沈洪涛，冯杰．舆论监督、政府监督与企业环境信息披露［J］．会计研究，2012（2）：72－78.

［40］生延超．环保创新补贴和环境税约束下的企业自主创新行为［J］．科技进步与对策2013（15）：111－116.

［41］史敏，蔡霞，耿修林．动态环境下企业社会责任、研发投入与债务融资成本——基于中国制造业民营上市公司的实证研究［J］．山西财经大学学报，2017，39（3）：111－124.

［42］苏蕊芯．产权因素对企业绿色投资行为的影响效应［J］．投资研究，2015（8）：137－144.

［43］孙晓华，李明珊，王昀．市场化进程与地区经济发展差距［J］．数量经济技术研究，2015（6）：39－55.

［44］汤浒，赵坚．考虑组织结构的委托—代理模型研究——以中国铁路运输业为例［J］．中国工业经济，2015（4）：110－121.

［45］唐国平，李龙会，吴德军．环境规制、行业属性与企业环保投资［J］．会计研究，2013（6）：83－89.

[46] 唐国平，李龙会．股权结构、产权性质与企业环保投资——基于中国 A 股上市公司的经验证据 [J]．财经问题研究，2013 (3)：93－100.

[47] 唐国平，李龙会．企业环保投资结构及其分布特征研究——来自 A 股上市公司 2008－2011 年的经验证据 [J]．审计与经济研究，2013 (4)：94－103.

[48] 田虹，潘楚林．前瞻型环境战略对企业绿色形象的影响研究 [J]．管理学报，2015 (7)：1064－1071.

[49] 田双双，冯波，李强．重污染行业上市公司管理层权力与企业环保投资的关系 [J]．财会月刊，2015 (18)：48－51.

[50] 田双双，李强．管理者私人收益、产权性质与企业环保投资——考虑制度压力的影响 [J]．财会月刊，2016 (21)：21－26.

[51] 王宏昌，吴鹏力．实施 ISO14000 塑造绿色企业形象 [J]．中国煤炭，27 (3)：49－50.

[52] 王洪波，刘艳，肖凤军．CEO 调节焦点、绿色创新与企业绩效研究 [J]．科技进步与对策，2017，34 (7)：6－11.

[53] 王慧．被忽视的正义——环境保护中市场机制的非正义及其法律应对 [J]．云南财经大学学报，2010 (6)：111－118.

[54] 王建明．环境信息披露、行业差异和外部制度压力相关性研究——来自我国沪市上市公司环境信息披露的经验证据 [J]．会计研究，2008 (6)：54－62.

[55] 王金南．关于深化环保投资体制改革的若干思考 [J]．环境科学研究，1994 (4)：47－50.

[56] 王书斌，徐盈之．环境规制与雾霾脱钩效应——基于企业投资偏好视角 [J]．中国工业经济，2015 (4)：18－31.

[57] 王曦，谢海波．美国政府环境保护公众参与政策经验及建议 [J]．环境保护，2014 (9)：61－64.

[58] 王霞，徐晓东，王宸．公共压力、社会声誉、内部治理与

企业环境信息披露 [J]. 南开管理评论, 2013 (2): 82-91.

[59] 王小鲁, 樊纲, 余静文. 中国分省份市场化指数报告 (2017) [M]. 北京: 社会科学文献出版社, 2017.

[60] 王艳, 丁德文. 公众参与环境保护的博弈分析 [J]. 大连海事大学学报, 2006 (4): 19-23.

[61] 王元芳, 马连福. 国有企业党组织能降低代理成本吗? ——基于“内部人控制”的视角 [J]. 上海财经大学学报, 2016, 18 (5): 91-102.

[62] 王云, 李延喜, 马壮, 宋金波. 媒体关注、环境规制与企业环保投资 [J]. 南开管理评论, 2017 (6): 83-94.

[63] 卫同济, 林翰, 王丹, 等. 企业的环境承诺对其环境管理的影响研究 [J]. 工业工程与管理, 2013 (5): 74-79.

[64] 温忠麟, 叶宝娟. 中介效应分析: 方法和模型发展 [J]. 心理科学进展, 2014, 22 (5): 731-745.

[65] 吴舜泽, 陈斌, 逯元堂, 等. 中国环境保护投资失真问题分析与建议 [J]. 中国人口. 资源与环境, 2004 (3): 112-117.

[66] 吴舜泽, 逯元堂, 王鑫, 等. 环保投资核算与绩效评价体系研究 [M]. 北京: 中国环境出版社, 2015.

[67] 肖华, 张国清. 公共压力与公司环境信息披露——基于“松花江事件”的经验研究 [J]. 会计研究, 2008 (5): 15-95.

[68] 杨发明, 许庆瑞. 企业绿色技术创新研究 [J]. 中国软科学, 1998 (3): 47-51.

[69] 杨汉明, 邓启稳. 国有企业社会责任与业绩研究——基于可持续增长视角 [J]. 中南财经政法大学学报, 2011 (1): 120-128.

[70] 杨汉明, 刘广瑞. 金融发展、两类股权代理成本与过度投资 [J]. 宏观经济研究, 2014 (1): 61-74.

[71] 杨汉明, 吴丹红. 企业社会责任信息披露的制度动因及路

径选择——基于“制度同形”的分析框架［J］. 中南财经政法大学学报，2015（1）：55－64.

［72］原毅军，耿殿贺. 环境政策传导机制与中国环保产业发展——基于政府、排污企业与环保企业的博弈研究［J］. 中国工业经济，2010（10）：65－75.

［73］曾婧婧，胡锦绣. 中国公众环境参与的影响因子研究——基于中国省级面板数据的实证分析［J］. 中国人口资源与环境，2015（12）：62－69.

［74］张敦力. 财务管理需“低碳”［J］. 财务与成本，2011（3）：1.

［75］张钢，张小军. 绿色创新战略与企业绩效的关系：以员工参与为中介变量［J］. 财贸研究，2013（4）：132－140.

［76］张功富. 政府干预、环境污染与企业环保投资——基于重污染行业上市公司的经验证据［J］. 经济与管理研究，2013（9）：38－44.

［77］张会丽，吴有红. 内部控制、现金持有及经济后果［J］. 会计研究，2014（3）：71－78.

［78］张济建，于连超，毕茜，等. 媒体监督、环境规制与企业绿色投资［J］. 上海财经大学学报，2016，18（5）：91－102.

［79］张敏，王成方，刘慧龙. 冗员负担与国有企业的高管激励［J］. 金融研究，2013（5）：140－151.

［80］张三峰，卜茂亮. 嵌入全球价值链、非正式环境规制与中国企业 ISO 14001 认证［J］. 财贸研究，2015（2）：70－78.

［81］张维迎. 企业理论与中国企业改革［M］. 北京：世纪出版集团，2015.

［82］张振刚，白争辉，陈志明. 绿色创新与经济增长的多变量协整关系研究——基于 1989－2011 年广东省数据［J］. 科技进步与对策，2014，31（10）：24－30.

[83] 周继军．企业内部控制与管理者代理问题研究 [D]．华中科技大学，2011.

[84] 朱敏，施先旺，郭艳婷．企业社会责任动机：于公还是于私——基于中国上市公司盈余质量的经验证据 [J]．山西财经大学学报，2014 (11)：87 - 100.

[85] 宗计川，吕源，唐方方．环境态度、支付意愿与产品环境溢价——实验室研究证据 [J]．南开管理评论，2014，(2)：153 - 160.

[86] AGUILERA - CARACUEL J，ARAGÓN - CORREA J A，HURTADO - TORRES N E，et al. The Effects of Institutional Distance and Headquarters' Financial Performance on the Generation of Environmental Standards in Multinational Companies [J]. Journal of Business Ethics，2012，105 (4)：461 - 474.

[87] AGUILERA - CARACUEL J，HURTADO - TORRES N E，ARA - GÓNCORREA J A. Does International Experience Help Firms to be Green? A Knowledge - Based View of How International Experience and Organisational Learning Influence Proactive Environmental Strategies [J]. International Business Review，2012，21 (5)：847 - 861.

[88] AITKEN M. Wind Power Planning Controversies and the Construction of "Expert" and "Lay" Knowledges [J]. Science as Culture，2009 (18)：47 - 64.

[89] AKERLOF G. The Market for "Lemons"：Quality Uncertainty and the Market Mechanism [J]. Quarterly Journal of Economics，1970，84 (3)：488 - 500.

[90] AL - NAJJAR B，ANFIMIADOU A. Environmental Policies and Firm Value [J]. Business Strategy and the Environment，2012，21 (1)：49 - 59.

[91] AMBEC S，COHEN M A，ELGIE S，et al. The Porter Hy-

pothesis at 20: Can Environmental Regulation Enhance Innovation and Competitiveness? [J]. Review of Environmental Economics and Policy, 2013, 7 (1): 2 -22.

[92] AMORES - SALVADÒ J, CASTRO M D, NAVAS - LÓPEZ J E. Green Corporate Image: Moderating the Connection between Environmental Product Innovation and Firm Performance [J]. Journal of Cleaner Production, 2014 (83): 356 -365.

[93] AND C, PURCELL K. Public Participation and the Environment: Do We Know What Works? [J]. Environmental Science & Technology, 1999, 33 (16): 2685 -2692.

[94] ARAGÓN - CORREA J A, SHARMA S. A Contingent Resource - Based View of Proactive Corporate Environmental Strategy [J]. Academy of Management Review, 2003, 28 (1): 71 -88.

[95] BABIAK K, TRENDAFILOVA S. CSR and Environmental Responsibility: Motives and Pressures to Adopt Green Management Practices [J]. Corporate Social Responsibility and Environmental Management, 2011, 18 (1): 11 -24.

[96] BANERJEE S B, IYER E, KASHYAP R K. Corporate Environmentalism: Antecedents and Influence of Industry Type [J]. Journal of Marketing, 2003, 67 (2): 106 -122.

[97] BANSAL P, Roth K. Why Companies Go Green: A Model of Ecological Responsiveness [J]. Academy of Management Journal, 2000, 43 (4): 717 -736.

[98] BARDMAN A E, VINING A R. School Ownership and Performance in Competitive Environments: A Comparison of the Performance of Private, Mixed, and State - Owned Enterprises [J]. Journal of Law and Economics, 1989, 32 (1): 1 -33.

[99] BARON D P. Private Politics, Corporate Social Responsibility,

and Integrated Strategy [J]. Journal of Economics and Management Strategy, 2001, 10 (1): 7-45.

[100] BATHMANATHAN V, HIRONAKA C. Sustainability and Business: What is Green Corporate Image? [J]. International Conference on Advances in Renewable Energy and Technologies, 2016, 32 (3): 1-5.

[101] BENZER J K, CHARNS M P, HAMDAN S, et al. The Role of Organizational Structure in Readiness for Change: A Conceptual Integration [J]. Health Services Management Research, 2017, 30 (1): 34-46.

[102] BRUNNERMEIER S B, COHEN M A. Determinants of Environmental Innovation in US Manufacturing Industries [J]. Journal of Environmental Economics and Management, 2003, 45 (2): 278-293.

[103] CHAN R Y K. The Effectiveness of Environmental Advertising: The Role of Claim Type and the Source Country Green Image [J]. International Journal of Advertising, 2000 (3): 349-376.

[104] CHANG C H. The Influence of Corporate Environmental Ethics on Competitive Advantage: The Mediation Role of Green Innovation [J]. Journal of Business Ethics, 2011, 104 (3): 361-370.

[105] CHANG N J, FONG C M. Green Product Quality, Green Corporate Image, Green Customer Satisfaction, and Green Customer Loyalty [J]. African Journal of Business Management, 2010, 4 (13): 2836-2844.

[106] CHEN Y S. The Driver of Green Innovation and Green Image——Green Core Competence [J]. Journal of Business Ethics, 2008, 81 (3): 531-543.

[107] CHEN Y S. The Drivers of Green Brand Equity: Green Brand Image, Green Satisfaction, and Green Trust [J]. Journal of Business Ethics, 2010, 93 (2): 307-319.

[108] CHIOU T Y, CHAN H K, LETTICE F, et al. The Influence of Greening the Suppliers and Green Innovation on Environmental Performance and Competitive Advantage in Taiwan [J]. Transportation Research Part E, 2011 (47): 822 – 836.

[109] CHOU C J, CHEN K S, WANG Y Y. Green Practices in the Estaurant Industry from An Innovation Adoption Perspective: Evidence from Taiwan [J]. International Journal of Hospitality Management, 2012, 31 (3): 703 – 711.

[110] CHRISTMANN P. Effects of "Best Practices" of Environmental Management on Cost Advantage: The Role of Complementary Assets [J]. Academy of Management Journal, 2000, 43 (4): 1 – 40.

[111] CLEFF T, RENNINGA K. Dcterminants of Environmental Product and Process Innovation——Evidence from the Mannheim Innovation Panel and A Follow up Telephone Survey [J]. European Environment, 1999, 9 (5): 191 – 201.

[112] COLE M A. Trade, the Pollution Haven Hypothesis and the Environmental Kuznets Curve: Examining the Linkages [J]. Ecological Economics, 2004 (48): 71 – 81.

[113] DEEPHOUSE D L, CARTER S M. An Examination of Differences between Organizational Legitimacy and Organizational Reputation [J]. Journal of Management Studies, 2005, 42 (2): 329 – 360.

[114] DELMAS M A, BURBANO V C. The Drivers of Greenwashing [J]. California Management Review, 2011, 54 (1): 64 – 87.

[115] DEMIREL P, KESIDOU E. Stimulating Different Types of Eco – Innovation in the UK: Government Policies and Firm Motivations [J]. Ecological Economics, 2011 (70): 1546 – 1557.

[116] DONALDSON T, PRESTON L E. The Stakeholder Theory of the Corporation: Concepts, Evidence, and Implications [J]. Academy

of Management Review, 1995, 20 (1): 65 -91.

[117] DUNGUMARO E W, MADULU N F. Public Participation in Integrated Water Resources Management: the Case of Tanzania [J]. Physics and Chemistry of the Earth, 2003 (28): 1009 -1014.

[118] D'SOUZAA C, TAGHIAN M, SULLIVANMORT G. Environmentally Motivated Actions Influencing Epsrceptions of Environmental Corporate Reputation [J]. Journal of Strategic Marketing, 2013, 21 (6): 541 -555.

[119] EDELMAN L B, SUCHMAN M C. The Legal Environments of Organizations [J]. Annual Review of Sociology, 1997, 23 (23): 479 -515.

[120] EDEN S, BEAR C. The Good, the Bad and the Hands - on: Constructs of Public Participation, Anglers and Lay Management of Water Environments [J]. Forthcoming in Environment & Planning A, 2012, 44 (5): 1200 -1218.

[121] EISENHARDT K M. Sizency Theory: An Assessment and Review [J]. The Academy of ManSizement Review, 1989, 14 (1): 57 -74.

[122] EISUNGERICH A, BHARDWAJ G. Does Social Responsibility Help Protect A Company's Reputation? [J]. MIT Sloan Review ManSizement, 2011, 52 (3): 18.

[123] ERHEMJAMTS O, Li Q, VENKATESWARAN A. Corporate Social Responsibility and Its Impact on Firms' Investment Policy, Organizational Structure and Performance [J]. Journal of Business Ethics, 2013, 118 (2): 395 -412.

[124] EYRAUD L, CLEMENTS B, WANE A. Green Investment: Trends and Determinants [J]. Energy Policy, 2013 (60): 852 -865.

[125] FANKHAUSER S, BOWEN A, CALEL R, et al. Who will

Win the Green Race? In Search of Environmental Competitiveness and Innovation [J]. Global Environmental Change, 2013 (23): 902 - 913.

[126] FONG C M, CHANG N J. The Impact of Green Learning Orientation on Proactive Environmental Innovation Capability and Firm Performance [J]. African Journal of Business Management, 2012, 6 (3): 397 - 401.

[127] FORSMAN H. Environmental Innovations as A Source of Competitive Advantage or Vice Versa? [J]. Business Strategy and the Environment, 2013 (22): 306 - 320.

[128] FORTUNE G, NGWAKWE C C, AMBE C M. Corporate Image as A Factor that Supports Corporate Green Investment Practices in Johannesburg Stock Exchange Listed Companies [J]. International Journal of Sustainable Economy, 2016, 8 (1): 57 - 75.

[129] FRITSCH O. Integrated and Adaptive Water Resources Management: Exploring Public Participation in the UK [J]. Regional Environmental Change, 2016 (4): 1 - 12.

[130] FRONDEL M, HORBACH J, RENNINGS K. End - of - Pipe or Cleaner Production? An Empirical Comparison of Environmental Innovation Decisions Across OECD Countries [J]. Business Strategy and the Environment, 2007, 16 (8): 571 - 584.

[131] GABRIEL V M D S, RODEIRO - PAZOS D. Do Short - and Long - Term Environmental Investments Follow the Same Path? [J]. Corporate Social Responsibility & Environmental Management, 2018, 25 (1): 14 - 28.

[132] GANDA F. Green Research and Development (R&D) Investment and Its Impact on the Market Value of Firms: Evidence from South African Mining Firms [J]. Journal of Environmental Planning & Management, 2018, 61 (3): 515 - 534.

[133] GARRIGA E, MELE D. Corporate Social Responsibility Theories: Mapping the Territory [J]. Journal of Business Ethics, 2004 (53): 51 -71.

[134] GLICKMAN M. The Concept of Information, Intractable Uncertainty, and the Current State of the "Efficient Markets" Theory: A Post Keynesian View [J]. Journal of Post Keynesian Economics, 1994, 16 (3): 325 -349.

[135] GRANT R M. Towards A Knowledge - Based View Theory of the Firm [J]. Strategic Management Journal, 1996, 17 (S2): 109 -122.

[136] GRANTHAM C E, PAUL E D. The 'Greening' of Organizational Change: A Case Study [J]. InnovationThe European Journal of Social Science Research, 1995, 8 (2): 221 -232.

[137] HALL J. Environmental Supply - Chain Innovation [J]. Greener Management International, 2001 (35): 233 -249.

[138] HAMBRICK D C, MASON P A. Upper Echelons: the Organization as A Reflect of its Top Managers [J]. Academy of Management Review, 1984, 9 (2): 193 -206.

[139] HAN H, BACK K J. Relationships among Image Congruence, Consumption Emotions, and Customer Loyalty in the Lodging Industry [J]. Journal of Hospitality & Tourism Research, 2008, 32 (4): 467 - 490.

[140] HANAN M T, FREEMAN J. Structral Inertia and Organizational Change [J]. American Sociological Review, 1984, 49 (2): 149 - 164.

[141] HART O, MOORE J. Debt and Seniority: Analysis of the Role of Hard Claims in Constraining Management [J]. American Economic Review, 1995 (85): 567 -585.

[142] HART S L, AHUJA G. Does it Pay to be Green? An Empiri-

cal Examination of the Relationship between Emission Reduction and Firm Performance [J]. Business Strategy and the Environment, 1996, 5 (1): 30 – 37.

[143] HILLESTAD T, XIE C, ABIMBOLA T, et al. Innovative Corporate Social Responsibility: the Founder's Role in Creating A Trustworthy Corporate Brand Through Green Innovation [J]. Journal of Product and Brand Management, 2010, 19 (6): 440 – 451.

[144] HORBACH J, RAMMER C, RENNINGS K. Determinants of Eco – Innovations by Type of Environmental Impact——The Role of Regulatory Push/Pull, Technology Push and Market Pull [J]. Ecological Economics, 2012 (78): 112 – 122.

[145] HORBACH J. Determinants of Environmental Innovation—New Evidence from German Panel Data Sources [J]. Research Policy, 2008 (37): 163 – 173.

[146] HORBACH J. Determinants of Environmental Innovation – New Evidence from German Panel Data Sources [J]. Research Policy, 2008, 37 (1): 163 – 173.

[147] INOUE E, ARIMURA T H, NAKANO M. A New Insight into Environmental Innovation: Does the Maturity of Environmental Management Systems Matter? [J]. Ecological Economics, 2013 (94): 156 – 163.

[148] INOUE E, ARIMURA T H, NAKANO M. A New Insight into Environmental Innovation: Does the Maturity of Environmental Management Systems Matter? [J]. Ecological Economics, 2013 (94): 156 – 163.

[149] ITOH H. Incentives to Help Multi – Sizent Situations [J]. Econometrica, 1991, 59 (3): 611 – 636.

[150] JENSEN M C, MECKLING W H. Theory of the Firm: Managerial Behavior, Agency Costs and Ownership Structure [J]. Journal of

Financial Economics, 1976, 3 (4): 305 -360.

[151] JENSEN M C. Agency Cost of Free Cash Flow, Corporate Finance and Takeovers [J]. The American Economic Review, 1986, 76 (2): 323 -329.

[152] JOHNSTONE N, LABONNE J. Environmental Policy, Management and R&D [J]. OECD Economic Studies, 2006 (42): 170 - 201.

[153] JÖBORN A, DANIELSSON I, ARHEIMER B, et al. Integrated Water Management for Eutrophication Control: Public Participation, Pricing Policy, and Catchment Modeling [J]. Royal SwedishAcademy of Sciences, 2005 (7): 482 -488.

[154] KAHN M E, KOTCHEN C. Business Cycle Effects on Concern about Climate Change: the Chilling Effect of Recession [J]. Climate Change Econnomics, 2011, 2 (3): 257 -273.

[155] KAMMERER D. The Effects of Customer Benefit and Regulation on Environmental Product Innovation——Empirical Evidence from Appliance Manufacturers in Germany [J]. Ecological Economics, 2009, 68 (8 -9): 2285 -2295.

[156] KANG M, YANG S U. Comparing Effects of Country Reputation and the Overall Corporate Reputations of A Country on International Consumers' Product Attitudes and Purchase Intentions [J]. Corporate Reputation Review, 2010, 13 (1): 52 -62.

[157] KANG S H, KUMAR P, LEE H. Agency and Corporate Investment: The Role of Executive Compensation and Corporate Governance [J]. Journal of Business, 2006, 79 (3): 1127 -1147.

[158] KESIDOU E, DEMIREL P. On the Drivers of Eco - Innovations: Empirical Evidence from the UK [J]. Research Policy, 2012, 41 (5): 862 -870.

[159] LANOIE R, PATRY M, LAJEUNESSE R. Environmental Regulation and Productivity: Testing the Porter Hypothesis [J]. Journal of Productivity Analysis, 2008, 10 (2): 121 -128.

[160] LEITER A M, PAROLINI A, WINNER H. Environmental Regulation and Investment: Evidence from European Industry Data [J]. Ecological Economics, 2011 (70): 759 -770.

[161] LI H B, ZHOU L A. Political Turnover and Economic Performance: the Incentive Role of Personnel Control in China [J]. Journal of Public Economics, 2005 (89): 1743 -1762.

[162] LIN H, ZENG S X, MA H Y, et al. Can Political Capital Drive Corporate Green Innovation? Lessons from China [J]. Journal of Cleaner Production, 2014, 64 (2): 63 -72.

[163] LO A Y. Public Support for Environmental Organizations in BRIC Countries [J]. The Geographical Journal, 2016, 182 (4): 438 -443.

[164] LOPEZ J M R, SAKHEL A, BUSCH T. Corporate Investments and Environmental Regulation: The Role of Regulatory Uncertainty, Regulation - induced Uncertainty, and Investment History [J]. European Management Journal, 2016, 35 (1): 91 -101.

[165] LÓPEZGAMERO M D, MOLINA - AZORÍN J F, CLAVERC - ORTÉS E. The Potential of Environmental Regulation to Change Managerial Perception, Environmental Management, Competitiveness and Financial Performance [J]. Journal of Cleaner Production, 2010, 18 (10): 963 - 974.

[166] LÓPEZGAMERO M D, MOLINA - AZORÍN J F, CLAVERC - ORTÉS E. The whole Relationship between Environmental Variables and Firm Performance: Competitive Advantage and Firm Resources as Mediator Variables [J]. Journal of Environmental Management, 2009 (90): 3110 -3121.

[167] MACKENZIE C, REES W, RODIONOVA T. Do Responsible Investment Indices Improve Corporate Social Responsibility? FTSE4Good's Impact on Environmental Management [J]. Corporate Governance An International Review, 2013, 21 (5): 495 – 512.

[168] MADERO V, MORRIS N. Public Participation Mechanisms and Sustainable Policy – Making: A Case Study Analysis of Mexico City's Plan Verde [J]. Journal of Environmental Planning and Management, 2016, 59 (10): 1728 – 1750.

[169] MARCHI V D. Environmental Innovation and R&D Cooperation: Empirical Evidence from Spanish Manufacturing Firms [J]. Research Policy, 2012, 41 (3): 614 – 623.

[170] MAXWELL J W, DECKER C S. Voluntary Environmental Investment and Responsive Regulation [J]. Environmental & Resource Economics, 2006 (33): 425 – 439.

[171] MILES M P, COVIN J G. Environmental Marketing: A Source of Reputational, Competitive, and Financial Advantage [J]. Journal of Business Ethics, 2000, 23 (3): 299 – 311.

[172] NAKAMURA M, TAKAHASHI T, VERTINSKY I. Why Japanese Firms Choose to Certify: A Study of Managerial Responses to Environmental Issues [J]. Journal of Environmental Economics and Management, 2001, 42 (1): 23 – 52.

[173] OLIVER C. Sustainable Competitive Advantage: Combining Institutional and Resource – Based Views [J]. Strategic Management Journal, 1997, 18 (9): 697 – 713.

[174] ORASTO R J. Competitive Environmental Strategies: When Does It Pay to be Green? [J]. California Management Review, 2006 (2): 127 – 143.

[175] PAGELL M, WIENGARTEN F, FYNES B. Institutional

Effects and the Decision to Make Environmental Investments [J]. International Journal of Production Research, 2013, 51 (2): 427 - 446.

[176] PARK Y S. A Study on the Determinants of Environmental Innovation in Korean Energy Intensive Industry [J]. International Review of Public Administration, 2005, 9 (2): 89 - 101.

[177] PEKOVIC S, GROLLEAU G, MZOUGHI N. Environmental Investments: Too Much of a Good Thing? [J]. International Journal of Production Economics, 2018, 197 (3): 297 - 302.

[178] PETRUZZELLI A M, DANGELICO R M, ROTOLO D, et al. Organizational Factors and Technological Features in the Development of Green Innovations: Evidence from Patent Analysis [J]. Innovation Management Policy and Practice, 2011, 13 (3): 291 - 310.

[179] PORTER M E, LINDE C V D. Towards A New Conception of the Environment Competitiveness Relationship [J]. Journal of Economic Perspectives, 1995 (4): 97 - 118.

[180] PORTER M E, VAN D L C. Green and Competitive: Ending the Stalemate [J]. Harvard Business Review, 1995 (73): 120 - 134.

[181] QI G Y, SHEN LY, ZENG S X, et al. The Drivers for Contractors' Green Innovation: An Industry Perspective [J]. Journal of Cleaner Production, 2010, 18 (14): 1358 - 1365.

[182] RAJVANSHI A. Promoting Public Participation for Integrating Sustainability Issues in Environmental Decision - Making: the Indian Experience [J]. Journal of Environmental Assessment Policy and Management, 2003, 5 (3): 295 - 319.

[183] RENNINGS, K. Redefining innovation, Eco - innovation Research and the Contribution from Ecological Economics [J]. Ecological Economics, 2000, 32 (2): 319 - 332.

[184] RÍO P D, MORÁN M Á T, ALBÑANA F C. Analysing the

Determinants of Environmental Technology Investments. A Panel – Data Study of Spanish Industrial Sectors [J]. Journal of Cleaner Production, 2011, (19): 1170 – 1179.

[185] ROBINSON M, KLEFFNER A, BERTELS S. Signaling Sustainability Leadership: Empirical Evidence of the Value of DJSI [J]. Journal of Business Ethics, 2011, 101 (3): 493 – 505.

[186] RUSSO M V, FOUTS R A. A Resource – Based Perspective on Corporate Environmental Performance and Profitability [J]. Academy of Management Journal, 1997, 40 (3): 534 – 559.

[187] RÍO P D, MORÁN M Á T, ALBÑANA F C. Analysing the Determinants of Environmental Technology Investments. A Panel – Data Study of Spanish Industrial Sectors [J]. Journal of Cleaner Production, 2011 (19): 1170 – 1179.

[188] SAEIDI S P, SOFIAN S, SAEIDI P, et al. How does Corporate Social Responsibility Contribute to Firm Financial Performance? The Mediating Role of Competitive Advantage, Reputation, and Customer satisfaction [J]. Journal of Business Research, 2015 (68): 341 – 350.

[189] SARKIS J, ZHU QH, LAI KH. An Organizational Theoretic Review of Green Supply Chain Management Literature [J]. Int. J. Production Economics, 2011 (30): 1 – 15.

[190] SCHAEFER S. Influence Costs, Structural Inertia, and Organizational Change [J]. Journal of Economics & Management Strategy, 1998, 7 (2): 237 – 263.

[191] SCHIEDERIG T, TIETZE R, HERSTATT C. Green Innovation in Technology and Innovation Management – An Exploratory Literature Review [J]. R&D Management, 2012, 42 (2): 180 – 192.

[192] SCHWARTZM S, CARROLL A B. Corporate Social Responsibility: A Three – Domain Approach [J]. Business Ethics Quarterly,

2003, 13 (4): 503 -530.

[193] SHARMA S. Managerial Interpretations and Organizational Context as Predictors of Corporate Choice of Environmental Strategy [J]. Academy of Management Journal, 2000, 43 (4): 681 -697.

[194] SHELEST K D, IONOV V V, TIKHOMIROV L Y. Environmental Awareness Raising Through Universities – City Authorities' Cooperation [J]. International Journal of Sustainability in Higher Education, 2017 (1): 39 -49.

[195] SRIVASTAVA S K. Green Supply – Chain Management: A State of the Art Literature Review [J]. International Journal of Management Reviews, 2007 (1): 53 -80.

[196] STEIN J C, MECKLING W H. Agency, Information and Corporate Investment [J]. Social Science Electronic Publishing, 2001, 1 (3): 111 -165.

[197] STEINER G, RISOPOULOS F, MULEJ M. Social Responsibility and Citizen – Driven Innovation in Sustainably Mastering Global Socio – Economic Crises [J]. Systems Research and Behavioral Science Syst. Res., 2015 (32): 160 -167.

[198] SUCHMAN M C. Managing Legitimacy: Strategic and Institutional Approaches [J]. Academy of Management Review, 1995 (3): 571 -610.

[199] SURROCA J, TRIBO J A, WADDOCK S. Corporate Responsibility and Financial Performance: The Role of Intangible Resources [J]. Strategic Management Journal, 2010, 31 (5): 463 -490.

[200] TESTA F, GUSMEROTTIA N M, CORSINI F, PASSETTI E, IRALDO F. Factors Affecting Environmental Management by Small and Micro Firms: The Importance of Entrepreneurs'Attitudes and Environmental Investment [J]. Corporate Social Responsibility & Environmental Man-

agement, 2016, 23 (6): 373 –385.

[201] WAGNER C. Business Tomorrow: Managing for Change [J]. The Futurist, 1992 (26): 24 –27.

[202] WAHHA H. Does the Market Value Corporate Environmental Responsibility? An Empirical Examination [J]. Corporate Social Responsibility and Environmental Management, 2008b, 15 (2): 89 –99.

[203] WALLS J L, HOFFMAN A J. Exceptional Boards: Environmental Experience and Positive Deviance from Institutional Norms [J]. Journal of Organizational Behavior, 2013, 34 (2): 253 –271.

[204] WILLIAMSON O E. The Economic Institutions of Capitalism Firms, Market, Relational Contracting [M]. New York: Free Press, 1985.

[205] WU H C, AI C H. Synthesizing the Effects of Green Experiential Quality, Green Equity, Green Image and Green Experiential Satisfaction on Green Switching Intention [J]. International Journal of Contemporary Hospitality Management, 2016, 28 (9): 2080 –2107.

[206] YADAV R, DOKANIA A K, PATHAK G S. The Influence of Green Marketing Functions in Building Corporate Image: Evidences from Hospitality Industry in A Developing Nation [J]. International Journal of Contemporary Hospitality Management, 2016, 28 (10): 2178 –2196.

[207] ZAILANI S H M, ELTAYEB T K, HSU C C, et al. The Impact of External Institutional Drivers and Internal Strategy on Environmental Performance [J]. International Journal of Operations and Production Management, 2012, 32 (5 –6): 721 –745.

[208] ZHOU X M. Understanding the Determinants of Managerial Ownership and the Link between Ownership and Performance: Comment [J]. Journal of Financial Economics, 2001 (62): 559.